CLV

Emily Jensen und Laura Wifler
Risen Motherhood

RISE UP, MOM!

Wie das Evangelium Dein Muttersein mit Hoffnung füllt

CLV

Falls nicht anders vermerkt, sind die Bibelzitate der Elberfelder Übersetzung 2003, Edition CSV Hückeswagen, entnommen.

MIX
Papier | Fördert gute Waldnutzung
FSC® C083411
www.fsc.org

1. Auflage 2023
2. Auflage 2025

Originalausgabe:
RISEN MOTHERHOOD

Published by Harvest House Publishers, Eugene, Oregon 97408, USA
www.harvesthousepublishers.com

Christliche Literatur-Verbreitung e.V.
Ravensberger Bleiche 6 · 33649 Bielefeld
www.clv.de

Bei Fragen zur Produktsicherheit erreichen Sie uns
über gpsr@clv.de oder auf dem Postweg.

Übersetzung: Hermann Grabe
Satz und Umschlag: CLV
Illustrationen: Emilie Mann
Druck und Bindung: CPI books GmbH, Leck

Artikel-Nr. 256684
ISBN 978-3-86699-684-7

Für alle Mütter,
die dem Herrn Jesus gehören.

Wir sind dankbar,
dass wir gemeinsam mit Euch
in der Gnade wachsen.

Grußworte

Obwohl unsere Namen vorne auf dem Buch stehen, ist das volle Gewicht der Autorschaft eine viel zu große Last, als dass wir sie ohne ein kleines Heer von Unterstützern hätten tragen können.

Also möchten wir unseren Ehemännern Brad und Mike sagen: Ihr seid es, die sich stillschweigend aufopferten und die eigentliche Ursache darstellen, die dieses Buch möglich machte. Wir werden niemals vergessen, dass ihr uns von ganzem Herzen mit eurem Enthusiasmus und mit euren Ermutigungen, uns die Zeit zum Schreiben zu nehmen, unterstützt habt. Ohne euch beide gäbe es dieses Buch nicht.

Und unseren Kindern Lewis, Gabriel, Cal, Jones und Eveline; Eli, Colette und Eden möchten wir sagen: Ob es euch gefiel oder nicht, ihr wart immer hautnah bei unserem Heiligungsprozess und bei allen Lektionen, die ihr nun lesen könnt, dabei. Ihr seid uns kostbar und wir lieben euch – und das sogar weit mehr, als ihr euch jemals vorstellen könnt.

Unseren Eltern und Schwiegereltern Henry und Gayla, Dean und Dianne, Scott und Vicki gilt: Ihr seid von unseren Kindertagen an unsere besten Mutmacher gewesen. Als wir sagten, wir wollten ein Buch schreiben, hattet ihr volles Vertrauen, dass wir dazu in der Lage wären – sogar, als wir vom Gegenteil überzeugt waren. Ihr fragtet, was wir nötig hätten und ermutigtet uns, weiterzumachen. Auch habt ihr euch oft um unsere Kinder gekümmert!

Den Gemeinden der *Grand Avenue* und der *Naperville Presbyterian Church* möchten wir sagen: Ihr seid unsere geistliche Familie und wir lieben euch außerordentlich. Dass wir so etwas wie dieses Buch schreiben konnten, ist zum Teil eurer Hirtentreue zu verdanken, indem ihr über die Jahre unsere Herzen mit dem Evangelium erfüllt habt.

Unserem Team von *Risen Motherhood*[1]: Ihr habt uns immer wieder aufmunternde Smileys und witzige Videos geschickt und nie daran gezweifelt, dass das hier etwas werden würde. Ihr habt uns so gut angefeuert, wie es nur Schwestern können.

An alle, die die ersten Entwürfe gelesen und uns Feedback gegeben haben: Karen Hodge, Abigail Dodds, Eric Schumacher, Jonathan Philgreen und viele andere – ihr seid freundlich und weise.

Unseren innigsten Dank an unseren Agenten Andrew Wolgemuth, der uns geschickt durch diesen Prozess geführt hat und sich bei jedem Schritt für uns eingesetzt hat. Unserem Lektoren Kyle Hatfield und allen Mitarbeitern bei *Harvest House* sind wir so dankbar, dass wir mit ihnen an der Verbreitung des Evangeliums wirken dürfen. Wir möchten, dass alle anderen, die uns geholfen, uns ermutigt, und uns angefeuert haben, die wir hier gar nicht alle erwähnen können, wissen, dass wir euch auf ewig dankbar sind. Eure Mühe ist nicht unbemerkt geblieben. Das ist uns viel wert.

Und schließlich danken wir unserem Herrn. Er hat schon vor langer Zeit die Liebe zum Evangelium in unser Herz gesät. Er sorgte für alle Mittel, Kapazitäten, mentalen Kräfte und alles andere, um das hier zu schaffen – auch, als wir uns komplett ausgelaugt und unfähig für die vor uns liegende Aufgabe fühlten.

Wir verehren dich, Gott. Wir hoffen, dieses Werk verherrlicht dich.

---

1 Anmerkung des deutschen Herausgebers: *Risen Motherhood* benennt sowohl den Podcast der beiden Autorinnen als auch ihre verschiedenen anderen Dienste an Frauen, die damit in Verbindung stehen. Auch der englische Originaltitel dieses Buches lautet *Risen Motherhood* und wird hier meist mit »erlöstes Muttersein« wiedergegeben.

Muttersein ist schwer.
In einem Moment klopfen wir uns
innerlich selbst auf die Schulter,
im nächsten halten wir uns für die
schlechteste Mama auf dem Planeten.
Deshalb haben wir es nötig,
dass uns die Wahrheit des Evangeliums
immer wieder gesagt wird.
Sie muss uns für jeden Augenblick
Hoffnung geben.

Wir würden gern erfahren,
was Ihr beim Lesen gelernt habt.
Teilt es uns unter folgendem Hashtag mit:
#risenmotherhoodbook

INHALT

Teil III: Wie lerne ich, das Evangelium auf das Muttersein anzuwenden?

I

WARUM IST DAS EVANGELIUM FÜR DAS MUTTERSEIN WICHTIG?

1

ERLÖSTES MUTTERSEIN

Emily und Laura

Wie wichtig erlöstes Muttersein ist, erfuhren wir als Erstes beim Gewöhnen an das Töpfchen. Das klingt albern, doch als wir beide unsere ältesten Söhne daran gewöhnen wollten, weil wir es leid waren, so häufig die Windeln zu wechseln und bei unseren Bemühungen so wenig Erfolg hatten, brauchten wir eine greifbare Hoffnung.

Weil wir damals fünf Stunden voneinander entfernt wohnten, diskutierten wir unsere Erfahrungen per Sprachnachrichten an unserem Handy. Wir beklagten die verdreckte Wäsche, feierten die winzigsten Fortschritte und teilten unsere inneren Kämpfe mit.

»Er begreift es einfach nicht! Ich bin richtig wütend – ist das normal?«, fragte eine von uns.

»Wirst du ungeduldig? Wie kann man sanftmütig bleiben, wenn man den Eindruck hat, dass er absichtlich nicht ins Töpfchen macht?«, fragte die andere.

Wir fragten uns gegenseitig: »Sagt die Bibel etwas zu diesem Thema? Wenn doch Christus wirklich alles verändert, wie verändert er dann das Töpfchen-Training? Was hat das Evangelium dazu zu sagen?«

Zunächst blieben die Antworten unklar. Wir begannen, praktische Tipps auszutauschen und versuchten, unsere Kriegsgeschichten mit Humor zu nehmen. Wir probierten dies und das, aber als wir tiefer gruben, entdeckten wir dabei die Schätze des Evangeliums. Wir sprachen über unser sündiges Verhalten und über die Gedanken der jeweils anderen. Dabei trat das umgestaltende Wirken Christi immer deutlicher zutage. Nur wenn wir unsere Identität in Christus anstatt in dem Erfolg mit unseren Kindern erkannten, wurden wir in die Lage versetzt, seine Liebe denen vorzuleben, die es einfach nicht begreifen konnten. (Es klang natürlich nicht immer so klar und durchdacht, aber den Kern der Sache hatten wir verstanden.)

Durch diesen Prozess veränderte sich unser Muttersein auf ganz konkrete Weise. Unsere Kinder waren nicht augenblicklich den ganzen Tag trocken und wir tauschten noch immer unsere Strategien aus, aber das Evangelium erwies sich als hoffnungsvoller als alle Online-Artikel, hilfreicher als jedes Buch und tragfähiger als alle schnellen Lösungen, die wir uns gegenseitig gaben.

Es war befreiend, festzustellen, dass es stimmt: Das Evangelium verändert alles.

Ein Anker, der uns fehlt

Wir beide wurden im Abstand von neun Monaten zum ersten Mal Mutter, und obwohl wir es damals noch nicht deutlich verstanden, gingen wir mit hohen Erwartungen in die Mutterschaft. Wir hatten Vorstellungen von sauberen Wohnzimmern, leckeren selbstgemachten Mahlzeiten, friedlichen Spaziergängen mit dem Buggy und gehorsamen Kindern, die Jesus (und ihre Mama) liebten.

Wir mussten eine Menge lernen, aber wir fühlten uns der Herausforderung gewachsen. Wenn wir das Babyzimmer anschauten mit all den niedlichen Windeln, dem hohen Stuhl, der stylischen (aber natürlich praktischen) Wickeltasche und allem, was sonst noch nötig ist, dann strahlten unsere Augen und wir waren optimistisch. Wir wussten, dass manches Schwere kommen würde, aber wir fühlten uns so gut wie möglich gewappnet. Immerhin waren wir mit allem ausgestattet: mit dem Stammbuch und mit Handbüchern, mit mütterlichen Freundinnen, die uns vorangegangen waren, und schließlich auch mit den endlosen Antworten, die man bei Google finden konnte.

Heute und acht Kinder später sind unsere optimistischen Erwartungen allerdings in den Schwierigkeiten des täglichen Lebens untergegangen. Genauso wie wir feststellten, dass unsere sorgfältig ausgesuchten Mullwindeln nicht richtig taugten, um die Arme unserer kleinen »Befreiungskünstler« festzuhalten. Muttersein schaffte es, dass wir uns unfähig und frustriert vorkamen und so suchten wir verzweifelt nach neuen Lösungen. Hastig fragten wir nach Antworten, wo, wann und warum wir als Mütter versagt hatten. Obwohl wir einige hilfreiche Tipps und praktische Strategien erhielten, lieferten unsere Handbücher schließlich doch nur unzureichende Anweisungen. Die uns befreundeten Mütter taten oft Dinge, die wir nicht verstanden und auch nicht nachmachen wollten, und Google (mit all seinen Millionen Suchergebnissen) enthielt nicht immer die richtigen Antworten auf unsere Fragen.

Auch andere Mütter rings um uns her empfanden eine tiefe Unzufriedenheit in Bezug auf ihre Hoffnungen für ihr Muttersein. Das galt nicht nur für die uns bekannten Mütter – es ist eine beinahe universelle Erfahrung moderner Mutterschaft. Einer Barna-Studie[2] zufolge sagen 95 % aller Mütter, sie müssten mindestens in einem Bereich ihres Lebens etwas besser machen. 80 % sagen, sie fühlten sich vom Stress überwältigt. 70 % sagen, sie bekämen

---

2 The Barna Group, *Tired & Stressed, but Satisfied: Moms Juggle Kids, Career & Identity*, 1. September 2018, https://www.barna.com/research/tired-stressed-but-satisfied-moms-juggle-kids-career-identity/.

nicht ausreichend Ruhe, und mehr als 50 % fühlen sich überfordert und unzufrieden, weil sie ihre Arbeit und ihren Haushalt nicht im Gleichgewicht halten können.

Wenn Mutterschaft für so wundervoll und für eine der höchsten Segnungen des Lebens gehalten wird, warum fühlen wir uns dann so gestresst, müde, unzufrieden und überfordert? Wenn Leute aus den Sozialen Medien, Mutterschaftsgurus und bücherschreibende Experten die Antworten liefern, warum brauchen wir dann trotzdem noch Hilfe?

Manchmal reagieren wir auf unsere Unzulänglichkeitsgefühle als Mutter damit, dass wir die Schuld auf andere schieben, anstatt uns ihr zu stellen. Influencer, Autoren und sogar unsere eigenen Freunde und unsere Familien sagen uns, es reicht aus, dass wir einfach unsere Kinder lieben. Unsere gutgemeinten Bemühungen (wie intensiv oder nachlässig auch immer) seien alles, was nötig ist. Wir sollten uns von den nagenden Schuldgefühlen freimachen und das Leben führen, das wir uns wünschen.

Doch tief in uns lauert der Verdacht, wir würden das Wesentliche nicht erkennen und damit kommen wir nicht klar. Deshalb machen wir einen Witz über das Verhalten unserer Kinder und rollen nur mit den Augen. Wir posten unsere Mama-Fails in den Sozialen Medien. Wir lassen das Chaos chaotisch sein und kümmern uns nicht darum, es endlich anzupacken. Wir necken die Mamas, die anscheinend alles im Griff haben. Wenn uns Zweifel kommen, versuchen wir, uns mehr »Zeit für uns selbst« zu verschaffen oder flüchten uns in Sport, gutes Essen, Arbeit oder in die Sozialen Medien. Wir senken den Maßstab so lange, bis das Gewissen endlich beruhigt ist.

Wenn es Dir so geht wie uns, kannst Du mit solchen Taktiken weder Deine Schuldgefühle noch den Stress oder die Lasten des Mutterseins jemals völlig ausschalten. Stattdessen schicken sie uns auf eine verwirrende Reise von Versuch und Irrtum, auf der wir niemals Ruhe finden. Wir können mit diesem Kampf eine Weile

WIR BRAUCHEN EIN ERLÖSTES MUTTERSEIN

zurechtkommen, aber irgendwann wirft uns eine so simple Sache wie ein weiteres Töpfchen-Unglück völlig aus der Bahn. Dann stehen wir benommen, entmutigt und wehrlos da.

Die Mehrheit der Mütter und auch Deine natürlichen Wünsche wollen Dich glauben lassen, dass Freude und Erfolg in der Schlacht zwischen vergossener Milch und dem Küchenfußboden, oder durch Aufkleber und »Fortschrittstabellen«, dem Verhältnis zwischen Berufs- und Privatleben, oder zwischen Deiner Haltung und dem Benehmen Deines Kindes entschieden wird. In Wirklichkeit ist dieser Krieg aber viel bedeutender. Es ist eine kosmische Schlacht. Es ist eine Schlacht zwischen dem Geist und dem Fleisch, zwischen Gut und Böse, zwischen Tod und Leben.

Es ist eine Schlacht, in der es tatsächlich um Deine Seele geht.

Weshalb wir ein erlöstes Muttersein brauchen

Die Welt möchte uns glauben machen, das Problem liege darin, dass es so *scheint*, als könnten wir nicht die Kurve kriegen. In Wirklichkeit aber können wir es *tatsächlich* nicht. Zumindest nicht in dem Sinn, dass die Spüle mit Geschirr überquillt, oder dass wir nicht so oft zum Sport gehen, wie wir es für nötig halten, oder dass wir jede erdenkliche Erziehungsstrategie alle dreißig Minuten aus der Hüfte schießen. Nein, wir kriegen deshalb nicht die Kurve, weil wir Sünder sind und einen Erlöser brauchen.

Anstatt unseren Kindern die Gnade zu zeigen, die uns erwiesen wurde, bauen wir aus Regeln und Anordnungen hohe Mauern, um Gottes Wohlgefallen zu gewinnen. Anstatt unseren Ehemännern aus Liebe zu dienen, murren wir in unseren Herzen und führen Buch darüber, wie oft sie uns in der Vergangenheit enttäuscht haben. Anstatt Zeit mit unseren Nachbarn zu verbringen, kapseln wir uns ab, weil wir der eventuellen Unannehmlichkeit einer neuen Bekanntschaft aus dem Weg gehen wollen. Anstatt unsere Maßstäbe wieder neu an den Maßstäben Gottes auszurichten, halten wir uns an unsere Freunde oder an Nachrichtensender. Anstatt unsere Hoffnung auf Christus zu setzen, vertrauen wir auf unsere eigenen Bemühungen und menschlichen Trost – wir leben für den Mittagsschlaf, die Nachtruhe, für die Zeit, wenn Papa heimkommt, wenn wir zur Arbeit gehen, oder wir uns mit unseren Handys beschäftigen können.

Kurz gesagt: Wir lassen uns nur allzu leicht von einem Filmabend bei Netflix oder einem süßen Snack oder dem nächsten Ausflug mit Freundinnen motivieren. Doch nichts von all dem hält länger an als einen Augenblick, und nichts davon heilt die Probleme tief in uns. Wir können uns nicht selbst dazu bringen, Freude am Muttersein zu gewinnen, weil wir uns nicht dazu bringen können, Gott zu lieben und ihm zu gehorchen, wie er es von uns fordert. Wenn wir wahre, dauerhafte Freude auf unserer Mutterschaftsreise finden wollen, brauchen wir das Wirken Jesu Christi.

Wir benötigen nicht das, was die Welt unter dem Muttersein versteht, sondern wir brauchen ein erlöstes Muttersein, das durch die Auferstehung unseres Herrn und Erlösers verändert wurde. Wir brauchen sein vergossenes Blut, wenn wir unsere Schuld und unser Versagen loswerden wollen. Wir brauchen seine Fülle, die unsere Leere ausfüllen muss. Wir brauchen sein Opfer und seine Schmerzen, damit wir uns für andere aufopfern können, bis es schmerzt. Wir brauchen seine Wunden, um unsere Wunden zu heilen. Wir brauchen ein für alle Mal seine Versöhnung für alle unsere Sünden. Wir brauchen seinen Tod, damit wir Leben bekommen.

Wie kann man erlöstes Muttersein verstehen?

Das klingt alles ganz gut. Vielleicht nickst Du bei all dem, während Du Dich gleichzeitig fragst: »Was genau bedeutet das aber? Wir brauchen seine Wunden, um die unseren zu heilen? Wieso soll uns das *jetzt und hier* helfen?«

Das sind genau die Fragen, die wir in diesem Buch beantworten möchten. Wir machen keine Erziehungsberatung. Wir blicken nicht auf unsere vieljährigen Erfahrungen zurück. Wir sind Mütter, die mit Euch gemeinsam diese Probleme anschauen, indem wir eine dicke Verbindungslinie zwischen der Predigt am Sonntag zu der laufenden Nase ziehen, die schon wieder geputzt werden muss.

Im restlichen ersten Teil dieses Buches (also Kapitel 2 und 3) werden wir die Kernaussagen des Evangeliums durchsprechen und sie auf das allgemeine Konzept des Mutterseins anwenden. Wir werden untersuchen, auf welche Weise diese Erlösungsgeschichte uns Hoffnung gibt, und zwar über das hinaus, was die Welt an Hilfen anzubieten hat, wenn wir unser Leben nach dem Wort Gottes ausrichten.

Im zweiten Teil werden wir uns 14 Themen vornehmen, mit denen Mütter konfrontiert werden, indem wir herauszufinden versuchen, was das Evangelium speziell zu jedem Thema sagt. Dabei folgen wir dem Muster: Schöpfung, Sündenfall, Erlösung und Vollendung. Das ist auch für Gläubige nicht nur eine Wiederholung, sondern eine Geschichte, die stark genug ist, den Glauben zu beleben und unsere Augen erneut auf Christus zu richten. Dieses Muster wird Dir bekannt vorkommen, wenn Du bereits den Dienst der *Risen Motherhood* (mit seinem Podcast, dem gemeinsamen Bibelstudium, Newslettern usw.) verfolgst.

Gottes allgemeiner Plan für das Muttersein ist unveränderlich und universell, doch das Leben jeder einzelnen Mutter ist einzigartig, denn Kultur, Hintergrund, Lebenserfahrungen, sozioökonomische Position und vieles mehr sind bei jeder Mutter verschieden. Es gibt endlos viele Wege, jedes Thema in diesem Buch zu betrachten und auf das Evangelium anzuwenden. Wir haben für jedes Kapitel nur jeweils einen ausgewählt. Alles über jedes Thema sagen zu wollen, würde eine ganze Bibliothek erfordern!

Im dritten Teil möchten wir dazu ermuntern, in der Liebe zu Gott zu wachsen. Dazu helfen gute Belesenheit in der Bibel und

DAS EVANGELIUM ÄNDERT ALLES

umfassende Kenntnis des Evangeliums, auch wenn Eure Kinder noch klein sind. Wir möchten, dass Du nach der Lektüre dieses Buches ausreichend mit Methoden ausgerüstet bist, das Evangelium auf alles anzuwenden, was Du im Alltag zu bewältigen hast.

Erlöstes Muttersein gilt auch für Dich

Wir sind nur zwei Mütter mit zwei Lebenserfahrungen. Wir lernen und wachsen immer noch. Unsere Kinder stehen manchmal zu früh auf oder bleiben zu lange wach. Sie kriegen in der Öffentlichkeit Wutanfälle. Sie ziehen sich vier Kleidungsstücke übereinander an und würden sich gern den ganzen Tag über ein Bonbon nach dem anderen in den Mund stecken. Wie haben den üblichen Ärger, aber wir haben auch das gemeinsame Verlangen, über das Mitleid hinaus zur Christusähnlichkeit hindurchzudringen. Wir sind richtig erstaunt darüber, wie viel wir während unserer wenigen Mutterjahre gelernt haben, und wir vertrauen darauf, noch viel mehr zu lernen, nachdem wir dieses Buch veröffentlicht haben!

Wir hoffen, Dich durch dieses Buch ermutigen zu können, und dass Du fähiger wirst, Gott und Dein eigenes Leben durch die Brille des Evangeliums zu betrachten. Wir beten dafür, dieses Buch möge Diskussionen mit anderen in Deiner Gemeinde oder in Deinem Umfeld auslösen, sodass Du über manches tiefer nachdenken kannst, was Dir bisher vielleicht gar nicht bewusst war. Wenn wir beide lernen konnten, zwischen Frühstück und Badezeit das Leben durch die Brille des Evangeliums zu betrachten, dann kannst Du das auch.

Es gehört allerdings Übung dazu. Und es erfordert bewussten Willen, Fleiß, Wachstum und die Erkenntnis, dass man Kurskorrekturen vornehmen muss. Doch wir wollen auch bezeugen, dass Gott treu ist. Er wird jeder Mutter helfen, die sich danach sehnt, das Evangelium in ihrem täglichen Leben zu verwirklichen.

Dieses Buch ist für jede Mutter, die sich schon mal gefragt hat, ob es Gott überhaupt interessiert, dass sie die Kekskrümel entfernt, die in den Teppich getreten wurden. Es ist für jede Mutter, die das Gefühl hat, an ihre Grenzen gekommen zu sein, und nicht weiß, an wen sie sich wenden kann. Für jede Mutter, die heimlich fürchtet, ihre Welt würde zusammenbrechen, wenn sie den Laden nicht am Laufen hält, für jede Mutter, die sich einsam fühlt und die den Ruf in ein Leben in der Gemeinschaft mit Gott nicht vernehmen kann, für jede Mutter, die von tiefstem Herzschmerz geplagt wird und ausruft: »Gott, siehst du mich hier? Hörst du mich überhaupt?«

Dieses Buch ist für jede Mutter, die sich fragt: »Hat das Evangelium etwas mit dem Muttersein zu tun?«

Liebe Freundin, das Evangelium ändert alles!

Also, lasst uns beginnen.

2

WAS IST DAS EVANGELIUM?

Emily und Laura

Viele von uns empfinden keinen Zusammenhang zwischen dem Glauben am Sonntagmorgen und dem Alltag einer Mutter am Montagmorgen. Wir fragen uns, was Lieder, Gebete und Bibellesungen mit Schulbroten, Pyjamas und tränenüberströmten Wutanfällen auf dem Fußboden gemeinsam haben. Einerseits haben wir unseren christlichen Glauben und andererseits das reale Leben. Die Gemeinde und die Bibel kommen uns altmodisch vor – schön für Sonntage und Nostalgie, aber das war's dann auch.

Aber diese beiden Lebensaspekte sind Teil einer größeren Geschichte, eines kosmischen Krieges, auch wenn wir das nicht sehen können. Es ist ein wenig so, wie wenn man unten ruhig das Geschirr spült, Musik hört und leise mitsummt, während oben bei den Kindern eine heftige Nerf-Schlacht tobt, wobei Sachen aus den Regalen geschossen werden, auf den Betten herumgesprungen wird und sie ihre Parkour-Tricks üben. Wir haben das Gefühl, die Zeit würde friedlich dahinfließen, während direkt über unseren Köpfen ein Krieg von epischen Ausmaßen wütet. Nur die Geräusche umfallender Möbel und einer bebenden Decke lassen uns verwundert aufschauen.

Wir geben zu, dass zwischen dem Wechseln von Windeln, dem Organisieren von Babysittern und dem Bezahlen von Rechnungen diese kosmische Dimension kaum zu fassen ist. Das kommt daher, dass es so schnell passiert, den Glauben und das Leben in zwei getrennte Kisten zu packen. Doch in Wirklichkeit sollten unser Glaube und unser Leben untrennbar miteinander verwoben sein. Wie Knete in den Fäden eines Teppichs, wo man nur schwer sagen kann, wo das eine anfängt und das andere aufhört. Aber um die beiden Punkte zusammenbringen zu können, müssen wir die Geschichte verstehen, in der wir leben, und die Rolle, die wir darin spielen. Wir müssen sie vom Anfang bis zum Ende kennen.

Diese Geschichte wird bekannterweise das Evangelium genannt. Das Evangelium ist die Gute Nachricht, dass Gott seinen Sohn Jesus Christus gesandt hat, um Sünder durch sein Opfer zu erretten und ihnen den Weg zu bahnen, ewiges Leben bei Gott zu haben. Das ist die Kurzfassung, aber es gibt noch sehr viel mehr zu wissen und zu erkennen.

Abhängig von Deinem Hintergrund magst Du die Botschaft des Evangeliums auf unterschiedliche Weise betrachten. Vielleicht hast Du die Geschichte so oft gehört, dass sie Dich gar nicht mehr berührt. Vielleicht betrachtest Du sie als eine einmalige Botschaft für Sünder, sozusagen als Eintrittskarte für den Himmel. Vielleicht widerstehst Du der Botschaft, weil Du meinst, die Menschen würden dabei durch eine Gehirnwäsche zu ultra-konservativem Denken gebracht, was die Freude am wahren Leben dämpft. Vielleicht weichst Du auch nur davor zurück, weil Du denkst: Bevor ich eine so großartige Botschaft annehmen kann, muss ich meine besten Kleider anziehen und mein Leben von allem Unerwünschten befreien. Vielleicht bist Du noch jung im Glauben und das Evangelium fühlt sich so frisch und aufregend an, dass es Dir scheint, Du könntest gar nicht genug davon bekommen. Vielleicht geht es Dir aber auch wie uns: die

Evangeliumsgeschichte ist schon seit vielen Jahren ein verlässlicher Freund an Deiner Seite, und Deine Liebe zu ihr ist stets weitergewachsen.

Das Evangelium kann für verschiedene Leute Verschiedenes bedeuten, doch die Wahrheit ist immer dieselbe. Es ist die wunderbare Geschichte von Liebe, Erlösung, Freude und Hoffnung. Sie ist das größte Thema der Bibel: simpel genug für die Ohren eines Kleinkindes und tiefgründig genug für lebenslange Forschungsarbeit.[3] Das Verständnis des Evangeliums in seinen grundlegenden Teilen ist der Schlüssel zum Christenleben, sowohl für die Errettung (die Befreiung von der Sündenstrafe, um dafür ewiges Leben bei Gott zu erhalten) als auch für die Heiligung (ein Fachausdruck dafür, wenn man Christus ähnlicher wird, nachdem man schon von der Bestrafung für die Sünde befreit wurde). Es ist der Schlüssel dafür, dass Dein Glaube und Dein tägliches Leben aus zwei verschiedenen Kisten genommen, zu einer Einheit verschmolzen und zu einem großen Ausdruck der Anbetung werden. Diese Geschichte ist mehr als nur bedeutsam für Dein tägliches Leben. Tatsächlich *hängt Dein Leben davon ab*.

Du hast vielleicht schon früher diese Geschichte gehört, aber bitte widerstehe der Versuchung, alles zu überspringen. Wir haben es immer wieder nötig, dass uns die erfrischende Wahrheit des Evangeliums erneut gesagt wird. Sie ist die Grundlage für alles, was wir in diesem Buch erklären wollen und für alles, was Gott durch Christus in unserem Leben bewirken will.

---

3 Abgeleitet von dem berühmten Zitat Augustinus': »Die Bibel ist flach genug, dass ein Kind nicht darin ertrinkt, und tief genug, dass ein Elefant darin schwimmen kann.«

Die Botschaft des Evangeliums

SCHÖPFUNG

Bevor die Erde, die Sterne, die Sonne und der Mond erschaffen wurden, war Gott da. Er besteht aus drei Personen, die zusammengehören: Vater, Sohn und Heiliger Geist. Überfließend aus dieser guten und liebenden Vereinigung schuf Gott die Himmel, die Erde und alles andere. Er schuf die ersten Menschen (Adam und Eva) in seinem Bild und setzte sie in den wunderschönen Garten Eden, ins Paradies, wo er mit ihnen umherging und die liebende Beziehung zu ihnen genoss. Der dreieine Gott bezeichnete alles, was er gemacht hatte, als »sehr gut« (1Mo 1,31).

Adam und Eva wurden als männlich und weiblich erschaffen, mit dem gemeinsamen Ziel auf der Erde, indem sie zur Freude Gottes lebten, ihn liebten und anbeteten: Sie sollten fruchtbar sein und sich mehren und über die Erde herrschen (vgl. 1Mo 1,28). Das klingt doch einfach, oder?

SÜNDENFALL

Noch bevor eins unserer Kinder seinem Geschwisterchen ein Spielzeug wegnahm und es wegschubste, gab es schon die erste Sünde. Der Widersacher Gottes ist ein gefallener Engel und heißt Satan. Dem ging es darum, Gott vom Thron zu stürzen und ihm seine Ehre zu rauben. Damit begann ein kosmischer Krieg.

Obwohl Gott Adam und Eva alles mögliche Gute im Garten zu essen gab, war ihnen ein Baum verboten: Der Baum der Erkenntnis des Guten und Bösen. Sie durften von seinen Früchten nichts essen, denn wenn sie das taten, mussten sie sterben. Aber durch Satans Lüge, der in den Garten als listige Schlange eindrang, begannen sie, Gottes Befehl zu hinterfragen.

Satan, der meisterhafte Verdreher von Gottes Wahrheiten, versuchte Adam und Eva. Dazu bediente er sich des verbotenen Baumes (vgl. 1Mo 3,1-4). Voll von selbstsüchtigem Verlangen und überwältigt von dem Gedanken, diese Tat würde sie erfüllen, aßen Adam und Eva von der Frucht. Ihr Ungehorsam hatte katastrophale Folgen für die gesamte Schöpfung. Sie führte zu Tod, Schmerzen, Zerstörung und Leiden.

Die Menschheit hatte ein ernstes Problem. Sie war von Gott getrennt. Sie wurde aus dem Garten verbannt und litt unter einer zerstörten Beziehung zu Gott. Adam und Eva wurden ostwärts geschickt mit einem Fluch über ihren Häuptern und der Schlinge des Todes um ihren Hals – und dem der ganzen Schöpfung. Ihre Sünde infizierte alle nachfolgenden Geschlechter. Demnach auch uns.

ERLÖSUNG

Aber Gott verbannte sie nicht ohne das Versprechen ihrer Errettung. Adam und Eva hatten verdient, sofort tot umzufallen, aber Gott bot ihnen die großartige, unverdiente Hoffnung auf den Verheißenen, der eines Tages kommen würde, um der Schlange den Kopf zu zertreten. Tausende von Jahren später kam Jesus, Gottes Sohn, als Baby auf die Erde. Er wuchs heran, indem er ein vollkommenes Leben führte. Er wurde ungerecht angeklagt und zum Tod verurteilt. Alles nahm er demütig auf sich. Am Kreuz hielt er freiwillig unverdiente Qualen aus, litt Schande und starb für Sünder. Aber dieser Tod war nicht das Ende der Geschichte.

Am dritten Tag folgte die Erstlingsfrucht des erlösten Lebens auf den Sieg über den Tod. Jesus tat, was niemand für möglich gehalten hatte: Er stand als siegender Held von den Toten auf! Durch seine Sühnungstat auf Golgatha befreite der Herr Jesus uns von dem Fluch aufgrund der Sünde, und gab den an ihn Glaubenden ewiges und überfließendes Leben. Wir sterben alle noch eines leiblichen Todes, aber Gläubige leben geistlich in der Gegenwart Gottes, bis Jesus wiederkommt, um auch ihre Körper aufzuerwecken und eine neue Welt zu schaffen. Bis dahin hat er seine Leute mit dem Heiligen Geist versiegelt, der gekommen ist, um in allen

DAS EVANGELIUM BEGEGNET UNS IM TÄGLICHEN LEBEN

zu wohnen, die dem Evangelium des Heils geglaubt haben, und der ihnen hilft, auszuharren, bis Christus zurückkommt.

VOLLENDUNG

Eines Tages wird Jesus wiederkommen und die Toten in Christus auferwecken und die an ihn glauben zu sich holen und sie verwandeln, sodass sie ihm gleich werden. Nach dem 1000-jährigen Reich wird der Herr Jesus das finale Gericht ausüben und Gott wird einen neuen Himmel und eine neue Erde schaffen. Die erste Schöpfung mit dem Garten Eden war sehr gut, hatte aber das Potential, durch die Sünde zerstört werden zu können. Für den neuen Himmel und die neue Erde gilt diese Möglichkeit nicht. Satan, der Feind, wird ein für alle Mal besiegt sein. Er wird in den Feuersee geworfen werden und uns niemals mehr mit seinen Lügen und vorgetäuschten Verheißungen versuchen können. Alle, die den Antworten dieser Welt glaubten, auf sich vertrauten und sich nicht vor Christus als dem Herrn beugen wollten, werden für ewig verdammt werden. An jenem Tag werden die Jünger Christi mit ihm regieren und bei Gott wohnen. Wir werden nicht mehr mit abgelenkten Herzen, mit lauwarmen Gefühlen und fehlerhafter Anbetung zu kämpfen haben. An jenem Tag des endgültigen Sieges über alle Finsternis werden wir völlig bei dem König des Lichts wohnen mit ewiger Freude, ewigem Frieden und ewiger Gemeinschaft und lebendiger sein, als wir es jemals waren.

Schon jetzt, aber noch nicht

Viele Jahre sind seit der ersten Sünde vergangen, aber Mütter erleiden immer noch ein Leben unter dem Fluch. Wir haben uns an alle möglichen Kämpfe gewöhnt: Kämpfe mit schwierigen Kindern, die nicht ins Auto zurückwollen, Kämpfe mit anderen Müttern wegen der richtigen Kindernahrung, Kämpfe mit den nie endenden Wäschehaufen, Kämpfe wegen der Rechnungen, die Monat für

Monat eintrudeln. Und wir haben auch mit ernsteren und härteren Dingen zu kämpfen: mit dem leeren Mutterleib, mit dem Zorn in unseren Herzen, den man einfach nicht unter Kontrolle bekommt, wegen der traurigen Ehe, der eigenen Selbstsucht, dem leeren Bankkonto und dem ungezogenen Kind. Wir fühlen uns in einer Welt gefangen wie Narnia unter der Herrschaft der Weißen Hexe: »Immerzu Winter und niemals Weihnachten!«[4]

Uns geht es wie der Mutter, die friedlich das Geschirr spült und das Schlachtgetümmel im zweiten Stock nicht bemerkt. Wir sehen die Lampen flackern und spüren, dass irgendetwas nicht stimmt. Der Widerhall der Aufregung erregt unsere Seele und veranlasst uns, unsere Wirklichkeit infrage zu stellen. Aber der Satan unternimmt alle Anstrengungen, uns abzulenken, den wahren Krieg zu verbergen und uns vom rechten Kurs abzubringen. Wir werden zu glauben veranlasst, wir könnten herausfinden, wie wir uns selbst retten können … oder wie wir einfach nur überleben können, wenn wir es uns zeitweise etwas bequemer machen. Dann vereinfachen wir unsere Routinen ein wenig, kontrollieren unser äußerliches Verhalten, oder finden eine Krücke, auf die wir uns stützen, aber nichts davon hält lange.

Genau an dieser Stelle trifft das Evangelium auf das tägliche Leben.

Ja, in diesem Augenblick leben wir jetzt, also zwischen der Errettung und der Vollendung. Das ist es, was die Leute meinen, wenn sie sagen: »Wir leben in dem ›Schon jetzt, aber noch nicht‹«. Christus hat den Satan bereits besiegt, aber wir haben die Erfüllung des Gesamtplans der Errettung noch nicht erlebt. Noch ist Sünde in unseren Herzen und in der Welt rings um uns her, aber es gibt auch neues Leben, Wachstum, Veränderung und gute Früchte. Wenn wir unsere Augen auf Christus richten und dem Evangelium glauben, brauchen wir nicht weiterhin zu versuchen,

---

4 C. S. Lewis: *Der König von Narnia.* (Wien: Ueberreuter 2005) S. 81.

die Schmerzen für die Sündenstrafen zu betäuben. Wir können zur Ruhe kommen, weil Christus – unser Held – zur Rechten Gottes sitzt.

Wenn Du auf Christus vertraust, wirkt dieselbe Kraft, die Christus aus den Toten auferweckte, auch in Deinem täglichen Leben. Der Heilige Geist liefert alles, was Du brauchst, um geduldig, freundlich, liebevoll, ausharrend, treu und freundlich zu sein gegenüber Deinem Mann, den Kindern und allen rings um Dich her. Er gestattet Dir, zu erkennen, dass Mutterschaft nicht nur aus langen Arbeitstagen und unerfreulichen Pflichten besteht, sondern ebenso aus Millionen Gelegenheiten zur Anbetung. Denn in Deinem ganzen Leben geht es um das Wachstum in der Christusähnlichkeit, um Weitergabe der Liebe Gottes und das Erleben der Errichtung des Reiches Gottes auf dieser Erde.

Das ist ein langsamer, demütigender und schwieriger Prozess, aber wir sind dazu berufen, in den Augenblicken des Alltags für dieses Ziel zu leben. Wenn sich das Muttersein nur öde und leer anfühlt und wenn die Arbeit langweilig und eintönig erscheint, erinnern wir uns daran, dass wir Teil einer größeren Geschichte sind. Wir müssen alles nur durch die richtige Brille betrachten. Wenn die Decke von der Nerf-Schlacht bebt, die oben tobt, werfen wir das Geschirrtuch fort, rennen nach oben und steigen in das wirkliche Schlachtgetümmel ein.

Wie man das Evangelium auf das tägliche Leben anwendet

Wie wenden wir nun die uns bekannte (und hoffentlich auch von uns geglaubte) Evangeliumsgeschichte an? Wieso spielt das ewige Leben eine Rolle, wenn die Kinder das Essen verweigern, mit dessen Planung und Zubereitung Du den ganzen Tag verbracht hast? Was geht es den Himmel an, wenn Du überlegst, ob Du noch außerhalb des Hauses arbeiten kannst, wenn Du ein Baby hast?

Was hat die Verheißung eines neuen Lebens damit zu tun, dass Dein Keller unter Wasser steht und Du mit der Versicherungsgesellschaft um die Zahlung streiten musst?

Es ist klar: Manchmal bleibt einem der Zusammenhang der Geschichte mit den Anforderungen des Augenblicks verborgen. Aus solchen Fragen entsprang der Dienst der *Risen Motherhood* – und dieses Buch.

Im Rest des Buches wollen wir die Evangeliumsgeschichte auf eine Reihe von Mutterschaftsproblemen anwenden. Wir werden das tun, indem wir uns auf die vier Hauptteile der Evangeliumsgeschichte konzentrieren und an diese Hauptteile existentielle Fragen richten.

Jetzt folgt ein kurzer Blick auf den alles zusammenfassenden Gedankenprozess und auf die Fragen, die wir uns bei jedem Kapitel stellten. Das könnte für den Fall hilfreich sein, wenn Du selbst lernst, das Evangelium auf Deine besondere Situation anzuwenden. Doch darauf werden wir am Ende des Buches noch genauer eingehen.

SCHÖPFUNG

Die Tatsache, dass wir Gottes Geschöpfe sind, erinnert uns daran, dass unser Schöpfer derjenige ist, um den es eigentlich geht, und er plante alles so, dass es auf irgendeine Weise zu unserem Guten und zu seiner Verherrlichung dient. All unsere Befriedigung, all unsere Ziele kommen von ihm, und unser Leben soll als Anbetung Gottes geführt werden.

Wenn wir ein die Mutterschaft betreffendes Thema durch die Brille der Schöpfung betrachten, werden wir Fragen wie diese stellen: Wie hatte Gott dieses Thema ursprünglich geplant? Wie konnte es ohne Sünde und Gebrochenheit funktionieren? Auf welche Weise reflektiert es Gottes Schönheit?

SÜNDENFALL

Dieser Aspekt des Evangeliums erinnert uns daran, dass wir durch Adam eine sündige Natur geerbt haben, und dass die gesamte Schöpfung verdorben ist. Das Leben funktioniert nicht mehr nach Gottes gutem Plan, sondern ist voller Schmerzen und Abweichungen. Weil er aber seiner ganzen Schöpfung gnädig ist, gibt es auch noch Gutes und Erfreuliches zu sehen. Trotzdem hat der Sündenfall Auswirkungen auf unser tägliches Leben.

Betrachten wir die Auswirkungen des Sündenfalls auf das Muttersein, müssen wir Fragen wie diese stellen: Wie wurde durch Sünde und Gebrochenheit der göttliche Plan für das Muttersein durchkreuzt? Auf welche Weise werden wir alle dadurch abgehalten, nach Gottes Plan zu leben? In welcher Weise hat die Sünde meine Gedanken, Worte und Taten infiltriert?

ERLÖSUNG

Der Erlösungsaspekt des Evangeliums erinnert uns daran, dass Gott einen Weg gefunden hat, das Problem von Sünde und Tod zu lösen, indem er uns erlaubte, einen Weg zurück zu ihm zu gehen. Dadurch gab er seinen Leuten Leben – zu ihrem Guten und zu seiner Verherrlichung. Das wurde durch das vollkommene Leben und das Versöhnungsopfer seines Sohnes Jesus erreicht. Er besiegte den Tod und Gott erweckte ihn wieder zum Leben und nahm ihn danach in den Himmel auf. Danach sandte er einen Helfer, den Heiligen Geist, um seine Nachfolger zu versiegeln und ihnen bis zu Jesu Rückkehr beizustehen. In der Zwischenzeit ist uns eine Mission aufgegeben: Wir sollen Gott lieben, die Nächsten lieben und alle Völker zu Jüngern machen.

Betrachten wir, wie sich die Erlösung auf das Muttersein auswirkt, tauchen Fragen wie diese auf: Wofür muss ich in einer bestimmten Situation Buße tun? Auf welche Weise gibt mir die Freiheit von der Sünde Kraft, Gott zu gehorchen und seinem ursprünglichen Plan zu folgen? Wie kann ich diese Situation oder

Beziehung auf eine Weise handhaben, dass Gott geehrt und sie zu einem Mittel der Evangelisation und der Jüngerschaft wird?

VOLLENDUNG

Die Vollendung in der neuen Schöpfung erinnert uns daran, nach vorn zu schauen. Hier trauern wir, aber wir haben die Hoffnung auf eine Zukunft ohne Tränen (vgl. 1Th 4,13). Jesus wird alles Böse richten und die Gläubigen werden für immer bei ihm sein. Alle werden mit der gesamten neuen Schöpfung Gott anbeten und für ewig nach seinen Plänen leben. Alle, die ihr Vertrauen nicht auf das Erlösungswerk seines Sohnes setzten, werden ewige Trennung und Strafe erleiden.

Wenn wir bedenken, welche Auswirkung die Vollendung auf ein Thema wie das Muttersein hat, werden wir Fragen wie diese stellen: Auf welche Weise wird sich die Gewissheit meiner Zukunftshoffnung, meine Perspektive und mein Hoffen in der Gegenwart verändern? Was habe ich in diesem Leben zu verlieren? Wo kann ich meine Freude in den dauernd wechselnden Lebensumständen verankern?

Das Evangelium ist unendlich schön und umfangreich. Daher gibt es dafür unterschiedliche Wege, Fragen zu stellen und es auf das tägliche Leben anzuwenden. Wir hoffen, dass Du beim Lesen dieses Buches anfängst, zu begreifen, wie kraftvoll die Anwendung des Evangeliums alles verändern wird, was wir als Mütter tun, und dass Du zahllose Verbindungen zwischen Deinem Glauben und dem täglichen Leben entdecken wirst.

Lass uns deshalb starten, indem wir untersuchen, auf welche Weise das Evangelium das Gesamtkonzept des Mutterseins transformiert.

DISKUSSIONSFRAGEN:

1. Was hat Deine Herkunft zu Deinen Empfindungen und zu Deinem Verständnis des Evangeliums beigetragen?

2. Hast Du der Guten Botschaft geglaubt und Dein Vertrauen auf Christi Tod und Auferstehung gesetzt? Wenn ja, welche Hoffnung hast Du heute und für die Ewigkeit?

3. Wo hast Du mit Deinem Muttersein zu kämpfen? Beschreibe in Anbetracht dessen, was Du über das Evangelium gelernt hast, das aktuelle Schlachtfeld und den wahren Feind!

3

GOTTES ABSICHT MIT DEM MUTTERSEIN

Emily und Laura

Wenn wir kurz vor der Geburt unseres ersten Kindes oder vor einer Adoption stehen, sammeln wir natürlich Informationen über Mutterschaft. Wir kommen auf unsere eigenen Mütter oder Großmütter zurück. Wir graben nach Geschichten darüber, wie unsere Schwiegermütter die Dinge handhabten, als unsere Männer noch klein waren. Wir suchen im Internet, bitten unsere erfahrenen Freundinnen um Rat, besuchen Muttertreffen in unserer Stadt, nehmen an Online-Beratungen für Mütter teil und beobachten die Sozialen Medien. Wir hören auf unser eigenes Bauchgefühl und erstellen unsere persönliche Messlatte dafür, wie eine gute Mama aussehen sollte. Aus all dem bilden wir uns ein Idealbild vom Muttersein und schließen daraus, welche Rolle wir spielen und welche Ziele wir als Mutter haben sollten.

Natürlich können wir von anderen viel Hilfreiches lernen, aber nur Gottes Wort erklärt uns Gottes definitive Absicht mit der Mutterschaft. Da lernen wir auch sein Wesen und seinen Plan kennen. Da sollten wir lernen, was es heißt, eine Mutter zu sein.

Gottes Absicht mit dem Muttersein

Der Mann wurde zuerst erschaffen, und dann wurde die Frau aus ihm als seine Gehilfin erschaffen (vgl. 1Mo 2,18-22). Sie wurde nicht in dem Sinn zur Gehilfin gemacht, dass sie weniger wert war als Adam; vielmehr *brauchte er Hilfe* – es war nicht gut für ihn, allein zu sein (vgl. 1Mo 2,18). Auf sich allein gestellt, fehlte ihm etwas zu der Fähigkeit, Gottes Befehle auszuführen. Ohne die Frau würde es keine gute Arbeit und keine kommenden Generationen geben. Eva würde das Bildnis Gottes komplettieren und Adam völlig gleichwertig sein. Nur würde sie als Frau Gott auf andere Weise abbilden als Adam.

In der Originalsprache des Alten Testaments klingt der Name »Eva« genauso wie »Leben«. Der Bericht im 1. Buch Mose lautet: »Und der Mensch gab seiner Frau den Namen Eva; denn sie war die Mutter aller Lebendigen« (1Mo 3,20). Und genau hier, im dritten Kapitel der Bibel finden wir das Konzept für das Muttersein.

Das Wort »Mutter« hat vielerlei Bedeutungsebenen. Eva hatte das Potential für eine biologische Mutter, sie repräsentierte aber auch eine geistliche Absicht, der alle Frauen entsprechen können: Sie können in die Familie Gottes investieren und sie als Lebengeberinnen aufziehen.[5] Im Kontext der gesamten Bibel spielten geistliche Mütter eine wesentliche Rolle in der Erlösungsgeschichte. Wir lesen, wie sie Gottes Verheißungen an künftige Generationen weitergaben, tapfer die Erblinie des Volkes Gottes wahrten, alle ringsumher belehrten und erzogen, wobei sie die Gute Botschaft weitersagten, und vieles mehr.

In diesem Buch richten wir unseren Fokus vor allem auf den göttlichen Plan und auf seine Absichten mit den Müttern im biologischen Sinn und auch bei Adoptionen, zumal Du dieses Buch wahrscheinlich deshalb liest, weil Du gespannt darauf bist, wel-

5 Als weiterführende Literatur: Susan Hunt: *Spiritual Mothering* (Wheaton, IL: Crossway, 1993), Gloria Furman: *Missional Motherhood* (Gospel Coalition, 2016).

che Verantwortung und welchen Auftrag Du als Mutter mit Kindern bei Dir zu Hause hast. Obwohl wir einige überschneidende Ziele vorfinden, wollen wir im Folgenden diesen Plan besonders betrachten.

Gottes Plan für Evas Körper sagt uns etwas über Gottes Absicht mit Müttern. Eva hatte eine Gebärmutter. Das ist die perfekte Umwelt für ein heranwachsendes Kind, bis es in diese Welt kommt. Nach der Geburt konnte Eva das Baby mit einem perfekten Cocktail an Nahrungsmittel in ihrer Muttermilch füttern. Ein Baby konnte an ihrer Brust heranwachsen, dabei Hautkontakt haben und außerdem in den ersten Lebensjahren mindestens alle paar Stunden am Tag die notwendige körperliche Liebe erleben. Weil einer der Aufträge Gottes für Adam und Eva das Füllen der Erde war, war es klar, dass sich dieses Muster noch unzählige Male wiederholen würde. Ein Kind auszutragen und aufzuziehen würde sich stark auf ihren Arbeitsrhythmus auswirken, und auch darauf, wie ihre Tage strukturiert und ausgefüllt werden würden.

Für das Muttersein gibt es außerdem einen geistlichen Plan. In der ganzen übrigen Bibel sehen wir, dass Mütter entscheidend für das geistliche Wachstum und die kindliche Charakterbildung sind. Beide – Vater und Mutter – haben den Auftrag, den Kindern zusammen mit der Belehrung über Gottes Wesen und seine Gebote die Geschichte der Erlösung nahezubringen. Eltern sollten ihre Kinder Weisheit lehren (dass sie Richtiges von Falschem unterscheiden können) und sie in Treue mit Liebe und Selbstbeherrschung erziehen. Man kann unzählige Bücher kaufen, die in allen Einzelheiten Hilfen für den Alltag anbieten, doch vor allem soll eine Mutter Gottes Liebe, seine Belehrung und seine Erziehung für ihre Kinder widerspiegeln.

Das Herzstück alles Mutterseins besteht darin, Gottes Plan sowohl für den Leib als auch für den Geist umzusetzen, denn er ist der größte Lebensspender der Welt. Er ist der ultimative Schöpfer des Lebens, der ultimative Ernährer und Erhalter, und er ist mitfühlend und sanft und hilft uns in unseren Nöten, wenn – wie bei unseren Babys – unsere eigene Fähigkeit nur darin besteht, um Hilfe schreien zu können. Gottes Liebe zu seinem Volk wird mit dem brennenden, schützenden Mitleid einer Mutter mit ihrem eigenen hilflosen Kind verglichen (vgl. Jes 49,15). Auf solche Weise sorgt er für uns! Wie sich eine Mutter über ihr hilfloses Kind erbarmt, so erbarmt er sich über sein hilfloses Volk. Gott trainiert und erzieht uns als seine Kinder auch in Liebe und macht uns auf diese Weise Jesus ähnlicher.

Was bedeutet dieser Plan mit dem Muttersein für uns, wenn wir versagen? Erstens bewegt er das Verlangen nach Befriedigung, die wir aus unserem vermeintlich gutem Muttersein bekommen, zu dem Verlangen, Gott zu finden. Er ist der wahre Lebensspender und Helfer. Zweitens erlaubt er uns nicht, einfach die Maßstäbe zu senken oder sie gar ganz beiseitezusetzen. Stattdessen bringt er uns dazu, unser Versagen zu erkennen und bei ihm Hilfe zu suchen. Er verlangt von uns, die Erzählungen des Evangeliums danach zu durchforschen, welche gute Nachricht Gott für verletzte Mütter hat.

Warum können wir Gottes Plan nicht zustande bringen?

Eva, die Frau, die die Mutter des Lebens sein sollte, führte uns in den Tod, als sie Gott im Garten Eden ungehorsam wurde. Der Fluch berührt die ganze irdische Schöpfung. Wir leben in sündigen und zerbrochenen Umständen wegen Dingen innerhalb und außerhalb unserer Kontrolle.

Was das Körperliche angeht, hoffen wir, dass unsere Gebärmutter ein Kind empfangen kann. Tut sie das, kann es mit unterschiedlichen Gesundheitsproblemen geboren werden. Die Geburt selbst ist für Mutter und Kind eine gefährliche Angelegenheit, voller Schmerzen, Blut, Qualen und Stöhnen und gibt den Frauen Grund, vor dem Kindergebären Angst zu haben (vgl. 1Mo 3,16). Nicht jede Mutter ist verheiratet. Nicht jede Mutter ist in der Lage,

ALL UNSERE STILLEN GEHORSAMSAKTE WERDEN GESEHEN, BELOHNT UND ZUR VERHERRLICHUNG GOTTES GEPRIESEN WERDEN

ihr Baby stillen zu können. Nicht jede Mutter kann ihr Kind behalten. Und manch eine Mutter wird durch andere Pflichten davon abgehalten, ihr Kind zu ernähren und zu versorgen, so wie Gott es für dessen Entwicklung und Aufwachsen eigentlich geplant hat.

Auch was das Geistliche angeht, berührt der Sündenfall das Muttersein. Durch ihre Sünde hat Eva zu dem Vermächtnis des geistlichen Todes beigetragen, welcher der Erfüllung des Auftrags Gottes im Weg steht, die Erde nach Gottes Willen zu regieren. Auf allen Gebieten vertauschten wir die Anbetung des Schöpfers mit der Anbetung des Geschaffenen (vgl. Röm 1,25). Wir preisen sogar unsere Fähigkeit, gute Mütter zu sein. Die Sünde mit seelischen Qualen lässt Frauen wünschen, in ihrer Verzweiflung von Gott loszukommen, anstatt sich ihm in Freuden zuzuwenden.

Kinder sind den Eltern ungehorsam. Generationen stecken in denselben habituellen Lastern. Die Leute sind neidisch, stehlen, morden und pervertieren menschliche Beziehungen auf alle möglichen Arten. Die Hand einer Mutter oder eines Vaters kann Missbrauch und Hass statt Liebe, Erziehung und Pflege bringen.

Unsere Herzen sind dauernd beunruhigt wegen verborgener Fälle von Schuld und Scham. Wir fürchten, dass wir uns nie bessern werden, darum vergleichen wir uns mit anderen, sowohl online als auch im realen Leben. Mutterschaft bedeutet eben nicht nur lächeln und schlaflose Nächte, vielmehr blicken wir auch gern in den Kinderwagen unserer Freundin und bemerken, dass sie Glasflaschen benutzt, während unsere aus Plastik sind. Selbst solche kleinen Unterschiede verunsichern uns und machen uns zu Verteidigern und Richtern.

Dies ist tatsächlich ein unangenehmer Ort zum Leben.

Gibt es irgendeine Hoffnung?

Als Mütter, die mit einem sündigen Herzen in einer zerbrochenen Welt leben, mühen und plagen wir uns, doch in Christus ist das

Ganze nicht hoffnungslos. Gott überwindet den Fluch, indem er den Menschen eine weitere Geburtserfahrung schenkt, nicht durch einen natürlichen Mutterleib, sondern durch den Heiligen Geist (vgl. Joh 3,3 und 1Pt 1,22-23). Eine Mutter bringt ein Kind zu Welt, indem sie Schweiß und Tränen vergießt und Schmerzen erträgt. Die Geburt ist mit viel Blutvergießen verbunden. Beim Herrn Jesus wurde sein Schweiß in Gethsemane wie große Blutstropfen und er betete mit starkem Geschrei und Tränen zu Gott. Als er am Kreuz hing und gestorben war, kamen Blut und Wasser aus seiner durchbohrten Seite. Dadurch versöhnte er uns mit Gott. Die Leiden unseres Herrn haben vergleichbare Elemente von dem, was bei jeder Entbindung und in jedem Kreißsaal geschieht. Durch seine Rettungstat am Kreuz hat Jesus die Grundlage dafür gelegt, dass wir von Neuem geboren werden können. Wenn wir in Christus sind, ist Gottes Plan gerade das, worin unsere neue Natur zu leben wünscht, weil unser Vater gut ist und ihm zu gehorchen uns Freude bringt.

Bis Christus wiederkommt, haben Mütter den Auftrag, das Leben zu vervielfältigen und fruchtbar zu sein, um in der Kraft des Heiligen Geistes dem Missionsbefehl nachzukommen (vgl. Mt 22,36-40 und 28,16-20). Unser Verhalten als Mütter sollte unsere Ehemänner, Kinder, Gemeinden und alle um uns her dazu bringen, das gleiche Evangelium kennen und lieben zu lernen, das wir lieben. Wir sollten von der uns gegebenen Zeit den besten Gebrauch machen, indem wir unser Leben nach Gottes Plan ausrichten, wie er uns in seinem Wort beschrieben ist.

Eine endgültige Geburt wird stattfinden

Die Anstrengungen der Gegenwart sind nicht für immer. Wenn wir in Christus befunden werden, werden all unsere stillen Gehorsamsakte gesehen, belohnt und zur Verherrlichung Gottes gepriesen werden. Unsere Sünden sind alle durch das Blut Christi bezahlt. Diejenigen, die niemals dem Opfer Jesu vertraut haben, werden für ihre Schuld geradestehen müssen, wobei die Bezahlung aus ewiger Strafe bestehen wird. Aber es wird noch eine weitere Geburtsgeschichte geben, wenn Gott alles auf ewig neu machen wird. Da werden wir in Ewigkeit bei ihm, für ihn und durch ihn leben.

Diese endgültige Geburt erinnert uns daran, dass dieses Leben nicht alles ist. Natürlich ist alles, was hier geschieht, von Bedeutung, aber es dient dem Bau von etwas viel Größerem als was wir hier sehen. Unsere Tage hier unter der Sonne sollen uns reinigen, zurechtstutzen, wachsen und reifen lassen, damit wir Christus ähnlicher werden. So werden wir auf das zukünftige »Gewicht an Herrlichkeit« vorbereitet, wenn Gott seine neue, endgültige Schöpfung voll überschäumenden Lebens hervorbringen wird. Diese Geburtsgeschichte ist das Einzige, was Dich aus dem Klammergriff von Angst, Mühsal und Versagen als Mutter befreien wird. Wenn Du ihr glaubst und sie begreifst, verändert sie die gesamten Vorstellungen als Mutter und führt Dein befangenes Herz in die Arme des Dich liebenden Erretters.

Erlöstes Muttersein im täglichen Leben einer Mutter

Mit Gottes Plan für Leben und Gottseligkeit im Kopf können wir verschiedene Aspekte des Mutterseins im Licht des Evangeliums betrachten. Das wollen wir im folgenden Abschnitt auch tun. Indem wir dem Muster von Schöpfung, Sündenfall, Erlösung und Vollendung folgen, wollen wir das Evangelium auf alles anwenden. Vom Geschirrspülen über die Stille Zeit bis zu unserem Versagen. Dabei müssen wir bedenken, dass jede Mutter ihre ganz spezielle Persönlichkeit, ihre eigenen Sünden und Umstände hat, und dass es unzählig viele Wege gibt, jedes Thema für sich zu betrachten und auf das Evangelium anzuwenden. Wir haben nur einen ganz allgemeinen Blickwinkel ausgewählt.

Wir hoffen, dass dieser nächste Abschnitt genügend Stoff zum Nachdenken bietet, sodass wir über unsere Bibellese nachsinnen und mit tieferer Liebe zu Gott und einer deutlicheren Hoffnung auf die Seligkeit erfüllt werden. Das gibt dann einen größeren Anreiz zum Gehorsam und ein deutlicheres Bedürfnis nach Gesprächen mit anderen Gläubigen in unseren Gemeinschaften. Das alles kann nicht erschöpfend behandelt werden, aber es ist ein Anfang. Lasst uns also beginnen!

DISKUSSIONSFRAGEN:

1. Könntest Du mit eigenen Worten aufzählen, welche Ziele Gott mit dem Muttersein hat?

2. An welchen Stellen hast Du persönlich die Folgen des Sündenfalls in Deinem Muttersein erlebt? Wohin will Gott, dass Du Dich in schwierigen Zeiten wendest, wenn Du entmutigt bist, weil Du weißt, dass Du Gottes Willen nicht entsprechen kannst?

3. An welcher Stelle brauchst Du Gottes Hilfe, um heute nach seinen Plänen zu leben?

II

DAS EVANGELIUM ALS HOFFNUNG FÜR DIE ALLTÄGLICHEN MOMENTE DES MUTTERSEINS

4

DAS EVANGELIUM UND DIE VERANLAGUNGEN UNSERES HERZENS

Laura

Wieder hatte mein Mann bis spät in die Nacht zu arbeiten. Draußen fiel der Schnee und bildete eine dicke Decke. Das bedeutete für mich und meine drei kleinen Kinder, zu Hause zu bleiben und die Straßen zu meiden. Wir hatten bereits alles gemacht, was mir an lustigen Dingen einfiel: mit Puzzles und Knete gespielt, Bücher angeschaut, mit Wasserfarben gemalt, unter dem Esszimmertisch eine Burg gebaut und im Wohnzimmer Paläontologen gespielt. Wir haben wirklich *alles* gemacht. Um fünf Uhr nachmittags warf ich das Handtuch und sagte den Kindern, dass wir, weil das Baby gerade schlief, einen Film angucken und Snacks essen könnten.

Um ehrlich zu sein, hatte ich schon den ganzen Tag an diese Lösung gedacht. Ich hatte das Gefühl, diese Pause verdient zu haben, weil ich so sehr von meinen Kindern in Anspruch genommen worden war. Ich war doch eine gute Mutter, eine coole Mutter, ja, eine unglaublich kreative Mutter! Mein Mann war gerade in einer Phase, in der er an sechs oder sieben Tagen der Woche mehr als 12 Stunden pro Tag arbeiten musste. Da hatte ich doch wohl ein wenig Anerkennung für meine Aufopferung verdient, oder?

Als ich den Fernseher anschaltete, fragte ich die Kinder, was sie sehen wollten, und sofort brach ein lauter Streit aus. Sie wollte Dinosaurier, er wollte Drachen sehen, und niemand gab nach. Als ich ihren Streit zu schlichten versuchte, wurde meine Stimme immer lauter, und ich merkte, wie sich meine Frustration entlud, die sich durch das ins Haus Eingepferchtsein aufgestaut hatte. Ich drohte damit, dass sie überhaupt nichts gucken durften, wenn sie sich nicht einigten. »Fernsehen ist ein Privileg«, erklärte ich ihnen, suchte ein ganz anderes Programm heraus und verließ den Raum.

Im Nebenzimmer wurde ich ganz klein. Ich wusste – kaum, dass die Worte meinen Mund verlassen hatten – dass ich ungerecht und unfreundlich zu meinen Kindern gewesen war. Ich hatte meine unangebrachte Frustration an ihnen ausgelassen, aber in diesem Augenblick war mir das egal gewesen. Ich konnte schnell 15 Gründe aufzählen, weshalb ich eine Weile Ruhe verdient hatte, während die Kinder sich die Show ansahen, doch als ich diese Gründe Revue passieren ließ, wurde mir klar, dass sie alle hochmütig und egoistisch waren. Ich bekannte sie vor Gott und bat ihn, mir überall zur Seite zu stehen, wo ich schwach war.

Also stand ich auf und ging ins Wohnzimmer zurück, um mich bei meinen Kindern zu entschuldigen. »Es tut mir leid«, sagte ich ihnen. »Bitte vergebt mir.« Ich wollte nicht *so eine* Mutter sein und mit Christi Hilfe muss ich das auch nicht.

Die Botschaft des Zeitgeistes: Verändere die Umstände!

Ich glaube, wir sind uns alle einig, dass Muttersein schwierig ist und das Schlimmste in uns auslösen kann. Aber der Zeitgeist will uns weismachen, dass wir immer die beste Version von uns selbst sein können, wenn wir nur die richtigen Methoden anwenden. Während eines Workouts, das ich letztens gemacht habe, rief der Trainer in dem Video: »Gebt mir 30 Minuten eures Tages, und ich verspreche, ihr werdet bessere Menschen, Ehefrauen, Ehemänner oder Eltern sein!« Uns wird erzählt, wir säßen alle am Steuer. Wenn wir es nur ein wenig härter versuchten, würden wir schließlich unsere Umstände unter Kontrolle bringen, und unsere Sorgen, Ängste und Frustrationen einfach überfahren.

Die Antwort für eine Mutter auf ihren Herzschmerz und ihre emotionalen Ausbrüche ist einfach: »Du musst nur früher aufstehen, einen besseren Tagesplaner kaufen, das Spielzeug häufiger wechseln und ein Hausreinigungssystem einbauen. Erstelle einen Hausarbeitsplan und nimm dir einen persönlichen Assistenten für dein wachsendes Home-Business, richte eine Ecke zum Nachdenken ein, iss weniger Zucker und zähle bis 20 oder singe ein Beruhigungsmantra, bevor du zu sprechen anfängst.«

Und während es vernünftig ist, immer organisiert zu sein, kluge Hilfssysteme einzubauen und überlegte Verbesserungen ins Leben zu integrieren, werden unsere Herzen dabei doch insgeheim von einer listigen Lüge mit dem falschen Versprechen verhöhnt: »Mach dies, und Du hast alles unter Kontrolle! Mach das, und Du wirst eine bessere Mutter!«

So wachen wir als Mütter jeden Tag auf und sind bereit, alles zu unternehmen, was irgend möglich ist, um Ärger, Stress und Sorgen fernzuhalten. Dabei hoffen wir, tief genug zu graben, um etwas zu finden, was uns Geduld und Ruhe verleiht. Wir glauben, wenn wir unsere äußere Umgebung etwas mehr in den Griff bekommen, wir auch in unserem Innern nicht so temperamentvoll sind. Wir hängen inspirierende Sprüche an unsere Merktafel, fangen jede Woche mit einem neuen Küchenplan an, den wir bei Instagram fanden und probieren eine neue Erziehungsstrategie aus, von der wir kürzlich im Podcast hörten.

Doch während der Tag dahingeht, versagt eins nach dem anderen. Unsere Geduld wird weniger, unser Frieden vergeht und wir sitzen wieder im gewohnten Strudel von Frustration, Verzweiflung und Schuld. Egal, was wir machen, oder wie wir unsere Gefühle zu beherrschen versuchen – es klappt einfach nicht. Erschöpft und außer Kontrolle suchen wir, wem außer uns selbst wir die Schuld dafür geben können. Niedergeschlagen wegen ungerechten Bestrafungen, die wir ausgeteilt haben, rechtfertigen wir uns mit Sorgen und Ängsten und leben mit dem Ärger über das, was wir eben gesagt haben. Wir sind unglücklich über uns selbst, ohne wirklich zu wissen, wie man es anders machen könnte.

Manchmal schreien wir während unseres Mutterseins so stark nach Kontrolle und Ruhe, als beteten wir sie an. Wir sind hinter allem her, wodurch wir unsere Häuser, Ehemänner und Kinder in den Griff bekommen können. Wenn wir nur den Zauberstab finden könnten, durch den das Muttersein leichter wird und wir schließlich friedevoll, geduldig und freundlich werden … Dann wären wir endlich die Frauen, die wir gern sein wollen.

Aber egal, wie sehr wir uns anstrengen, es scheint, als ob wir die Drachennatur in uns nicht zähmen können, die nach Beherrschung und Erfolg brüllt.

Wir brauchen einen Drachentöter.

Die Botschaft des Evangeliums

SCHÖPFUNG: Wir wurden geschaffen, um anzubeten

Als Gott uns schuf, war seine Absicht mit uns, dass wir unser Herz an jemanden oder etwas hängen – im Endeffekt natürlich an ihn. Durch den Sündenfall ist diese Veranlagung verdreht worden. Wir hängen unser Herz an Personen und Dinge, von denen wir ultimatives Glück erwarten und werden enttäuscht. Dieses Problem können wir bereits bei unseren Kindern beobachten.

Weil Gott von Ewigkeit her und also lange vor Adam und Eva oder irgendeinem Menschen besteht, ist er der Einzige, der Anbetung verdient. Er ist der Schöpfer – wir sind die Geschöpfe (vgl. Eph 3,9 und Kol 1,16). Im 1. Buch Mose erkennen wir eine Absicht und einen Plan für die Erde, der uns zeigt, dass er souverän ist, dass er alles unter Kontrolle hat und dass er uns alle erhält.

Er ist Gott und der Einzige, der Anbetung verdient hat.

SÜNDENFALL: Der Betrug des Drachens

Weil wir für Anbetung geschaffen sind, sehnen wir uns danach. Im Sündenfall betrog der später als Drache bezeichnete Satan (vgl. Offb 12,7) die Eva, als sie sich selbst anbeten wollte, und nicht Gott. Sie zweifelte Gottes Verheißungen an, weil sie glaubte, es ginge ihr besser, wenn sie nur ihre Umstände selbst beherrschen könnte. Doch verschlechterten sich ihre Umstände sehr schnell sehr massiv. Getrennt vom Schöpfer begann das endlose Irren und das Schreien des menschlichen Herzens nach Anbetung (vgl. 1Mo 3,8).

Jetzt halten wir bewusst oder unbewusst Ausschau nach passenden Idolen, um ihnen die Stellung zu geben, die rechtmäßig nur Gott zukommt. Das kann tausend verschiedene Formen annehmen, wie Geld, Ruhm, gehorsame Kinder oder eine magische, den nachgeburtlichen Körper verdeckende Jeans. Aber am Ende geht es meistens nur darum: das eigene Selbst anzubeten. Wir sind dann selbst unser größtes Problem, und die meiste Zeit gestehen wir uns nicht ein, wie rebellisch unsere Herzen in Wahrheit sind. Wir werden lauter, wenn wir meinen, nicht gehört zu werden. Wir verteidigen uns, wenn wir uns falsch behandelt fühlen. Wir machen uns Sorgen, wenn wir die Kontrolle verlieren. Der Drache flüstert uns Täuschungen ins Ohr: »Versuch es noch mehr! Sei besser! Gewinne die Kontrolle zurück! Finde die Willenskraft in Dir selbst!«

So wie Adam und Eva mit dem Finger auf andere zeigten, als Gott fragte, was geschehen war (vgl. 1Mo 3,9-13), so schützen wir uns selbst – koste es, was es wolle – und suchen nach irgendeinem Weg, Schmerzen, Schwierigkeiten und Fehlschläge zu vermeiden, wenn das Leben nicht so läuft, wie wir es wünschen. Aber weil wir uns nicht mehr in Gemeinschaft mit dem wahren Ziel der Anbetung befinden, enttäuschen uns alle unsere weltlichen Lösungen und unsere falsch gerichtete Anbetung offenbart sich selbst in Gestalt von Sorgen, Zorn, Ängsten, Ungeduld und vielem mehr.

Indem wir auf den Drachen hören, werden wir selbst wie Drachen.

ERLÖSUNG: Der große Drachentöter

Von all den großen Helden der Bibel konnte niemand den Satan besiegen. Anstatt der Versuchung zu widerstehen, hielt Eva ihren eigenen Plan für die Zukunft besser als Gottes Vorhaben. Anstatt Gott zu vertrauen, floh Mose in die Wüste, schätzte seine eigene Bequemlichkeit und lehnte Gottes Ziel mit ihm ab. Anstatt an Gottes Souveränität zu glauben, machte David sein Verlangen nach Vergnügen und Sicherheit zu seinem Götzen – selbst als es bedeutete, einem anderen Mann das Leben zu nehmen.

Wir können den Drachen nicht allein besiegen. Das schwache, unstete Herz des Menschen kann den kosmischen Kampf nie gewinnen. Dank sei Gott, der uns einen Kriegerkönig sandte, um uns von den Lügen des Drachens zu befreien! Durch den Sieg Christi über den Tod schlug er den Drachen ein für alle Mal, zerschmetterte dessen Täuschungen und Lügen und rüstete uns aus, um gegen seine Tricks bestehen zu können. Jesus tat, was wir niemals hätten tun können – er lebte stellvertretend für uns ein perfektes Leben in Anbetung zum Vater und widerstand jeder Versuchung und Anklage.

Jesus ist der große Drachentöter, das Kreuz unser Sieg.

Dank dieser Tatsachen verändert der Heilige Geist uns von innen heraus. Wir müssen nicht mehr versuchen, unsere äußeren Umstände zu kontrollieren oder eine positive Einstellung, eine friedliche Atmosphäre oder ein freundliches Wort aufzubringen, weil alles, was wir brauchen, uns bereits gegeben worden ist. Christus ist unsere Langmut. Christus ist unser Friede. Christus ist unsere Freundlichkeit. Christus ist unsere Freude. Egal, wie unsere Umstände sind – wir können wissen, dass Gott die Kontrolle hat (nicht wir!) und dass wir seinen Verheißungen vertrauen können, wenn die Dinge nicht so laufen, wie wir es gern hätten.

Mit Christi Kraft können wir die Drachennatur in unserem Inneren zähmen.

VOLLENDUNG: Der endgültige Sieg über den Drachen

Eines Tages wird der Drache auf ewig besiegt sein. Zurzeit ist er noch der »Fürst« und der »Gott dieser Welt« (vgl. Joh 12,31 und 16,11; 2Kor 4,4), aber wir wissen, dass wenn Christus zurückkehrt und wir mit ihm im Himmel vereint sind, der Satan besiegt sein wird (vgl. Offb 20,10). Zu jener Zeit werden wir keine Schwierigkeiten mehr mit der richtigen Anbetung haben. In der Ewigkeit werden wir in die Gegenwart unseres Erretters gebracht und wir werden dort für immer seine Herrlichkeit und Güte genießen und in ungehinderter Anbetung Gottes leben (vgl. Offb 21,1-4).

Bis dahin benutzt Gott die Umstände unseres Lebens, um unsere Herzen sanft zu machen und zu formen, damit wir ihn widerspiegeln. Wenn wir unsere Freude in ihm und in seinen Verheißungen haben, können wir Christus nachahmen, indem wir gütig und freundlich reagieren, wenn die Dinge nicht nach Wunsch laufen. Wir können unseren Kindern ein Leben in wiederherstellender Gnade vorleben, wenn wir die Selbstsucht eines langen Tages bekennen und unsere Beziehungen wieder ordnen. Wir dürfen darauf vertrauen, dass die Wutausbrüche unserer Kleinkinder zu unserer eigenen Verwandlung in die Christusähnlichkeit dienen. Wir können anbeten und Gott für unseren Helden Christus danken, der den Drachen überwunden hat und ihn bis zu Christi triumphaler Wiederkehr an der Kette hält.

Ein Wandel von innen nach außen

Ich sage meinen Kindern immer: »Redet das, was Gott gefällt!« und frage sie: »Ist das, was ihr gerade gesagt habt, wahr und nötig und freundlich? Alle drei sind notwendig.« (Wie alle meine guten Sprüche habe ich auch diesen von einer älteren und weiseren Mutter geklaut.) Es ist eigenartig, wie meine Ohren ein eingebautes Radar dafür haben, immer gleich zu hören, wenn die Kinder etwas zu ihrem Götzen machen. Ich merke das an ihren Stimmen, an ihrer Wortwahl und wie sie mit anderen umgehen. Ich zucke zusammen, wenn ich ihre unangebrachte »Anbetung« höre, doch bin ich oft taub gegenüber meinem eigenen, widerspenstigen Herzen, wenn ich einfach tue oder sage, was ich fühle, obwohl ich weiß, dass es Gott durchaus nicht gefällt.

Wenn mir das Muttersein hart erscheint, möchte ich oft meine Umstände, meine Kinder, oder meinen Ehemann dafür verantwortlich machen. Aber mein größtes Problem beim Muttersein bin ich selbst. Wenn ich mir Sorgen mache, wie ich morgen alles schaffen soll, oder wenn ich frustriert bin, weil ich morgens nur so wenig Stille Zeit gemacht habe, dann offenbart mir mein Herz, was bereits drin ist: fehlgeleitete Anbetung meines eigenen Wohlbefindens und meiner Kontrollsucht. Geht es Dir auch so?

Wie können wir also unsere Herzenshaltung verändern? Wie werden wir das Gefühl los, unser Temperament, unsere Sorgen und unsere Angst zu beherrschen sei unmöglich? Im Gegensatz zur Botschaft dieser Welt geschieht das nicht, indem wir daran arbeiten, die äußeren Umstände zu verändern. Die Veränderung geschieht von innen nach außen. Anstatt die Welt um uns her in den Griff zu bekommen, sollten wir innehalten und uns fragen: »Vertraue ich jetzt im Augenblick auf Gott und seine Verheißungen, oder lasse ich meine Gefühle von den Umständen anheizen?« Indem wir lieber Freude, Vertrauen und Hoffnung auf Christus als auf unsere Situation setzen, bekommen unsere Herzen ein solides, unerschütterliches Fundament. Egal wie turbulent die Umstände sein mögen.

Das klingt ganz einfach, aber manchmal fällt es uns sehr schwer. Aber wir schaffen es, weil wir Gottes Verheißungen kennen und ihnen glauben. Und das gelingt, wenn wir sein Wort studieren, Zeit im Gebet verbringen, unsere Sünden bekennen (selbst vor unseren jüngsten Kindern) und uns selbst das Evangelium predigen.[6] Das heißt, dass wir unsere Befürchtungen, Zweifel, Probleme und Sorgen zum Kreuz bringen. Es heißt, darauf zu vertrauen, dass Gott damit besser fertigwird als wir. Und es heißt, zu wissen, dass *er* alles in der Hand hält und nicht wir – und zu glauben, dass es gut so ist. An Gottes Güte zu glauben, enttäuscht uns nie.

Eine neue Schöpfung

Viele von uns haben Angst, dass unsere negative Herzenshaltung offenbart, wie wir im Innern wirklich aussehen. Dann bezeichnen wir uns selbst als »die wütende Mama, die besorgte Mama, die gestresste Mama …«. Und ohne Christus stimmt das auch. Wir sind alle Sünder und auf dem Weg der Selbstzerstörung. Unsere Herzen sind tatsächlich verbogen und unberechenbar, gieren nach Befriedigung und weigern sich hartnäckig, Buße zu tun. Wir haben temperamentvolle Herzen mit einer natürlichen Neigung zu negativem Verhalten.

Wenn Du aber gläubig bist, hast Du eine Verbindung zu Christus (vgl. Joh 17,23; 1Kor 1,30; 2Kor 13,5). Das bedeutet: Christus ist in Dir. Das heißt nicht Christus und Du, oder Christus und danach Du, oder Christus und nicht Du. Es bedeutet, dass Christus *in* Dir ist, was wiederum heißt, dass Du alles hast, was Dein Krieger und drachentötender Held besitzt. Wenn Du alles ablegst, was dem Willen Gottes widersteht – Deine sündigen Neigungen, Deinen Stolz und Deine Unabhängigkeit von Gott – was bist Du dann?

6 Siehe Kapitel 21. Da steht mehr darüber, wie man sich selbst das Evangelium predigen kann.

Wenn Du in Christus bist, dann ist es nicht die sündige, unbeherrschbare Frau, die übrig bleibt – es ist Christus. Es ist unser liebender, freundlicher, gnädiger und barmherziger Erretter in Dir.

Durch Deinen Glauben an Jesus bist Du eine neue Kreatur in Christus, und das bedeutet: Du kannst Dich durch die Kraft des Heiligen Geistes verändern lassen. Du brauchst den Versuchungen nicht mehr nachzugeben, nicht mehr alle Lebensbereiche beherrschen wollen und nicht jeder Gefühlslage Ausdruck verleihen. Du bist nicht mehr das Opfer Deiner Umstände. Vertraue darauf, dass Du auf Grund des Werkes Christi am Kreuz wachsen und Dich verbessern und ihm ähnlicher werden kannst.

Liebe Mutter, Gott hat Dich beim Kampf mit dem Drachen nicht alleingelassen. Vertrau den göttlichen Verheißungen. Glaub an Deine Vereinigung mit Christus. Ersetze Deine Sorgen, Ängste und allen Zorn mit der Anbetung Deines großen und liebenden Vaters, der seinen Sohn sandte, um an Deiner Stelle die Schlacht zu schlagen. Denk daran, dass im Leben eines Christen nichts bedeutungslos ist. Gott benutzt die abwegigsten Umstände, um uns die Abwegigkeit unserer Herzen zu offenbaren. Wenn Du merkst, wie der Druck steigt, die Anschuldigungen sich häufen, die Versuchungen lauern, dann blicke auf Christus. Er ist alles, was Du brauchst. Er ist stark, wo Du schwach bist. Er ist vollkommen, wo Du versagst. Er hat die Fülle, wenn Du leer bist. Er tötet den Drachen, wenn Du einen Helden brauchst.

DISKUSSIONSFRAGEN:

1. Wie reagierst Du, wenn es nicht nach Deinen Wünschen geht? Und wie reflektiert Deine Reaktion, was Du anbetest?

2. Auf welche Weise versuchst Du, Deine äußere Umgebung in den Griff zu bekommen? Auf welche Art kannst Du Deinen Wunsch nach Beherrschung Gott unterordnen? Worauf kannst Du Deine Hoffnung richten?

3. Nenne ein Gebiet, auf dem Du entscheiden kannst, ob Du Deine Freude auf Christus und nicht auf Deine dauernd wechselnde Umwelt setzen willst. Welche konkreten Schritte kannst Du heute tun, um das zu ändern?

5

DAS EVANGELIUM UND UNSERE VERÄNDERUNGEN

Emily

Riesige Stapel von Pappkartons und leeren Eimern standen an der Wand unseres Wohnzimmers und verlockten unsere vier kleinen Kinder dazu, mit ihnen Burgen und Tunnel zu bauen. Das war eine gute Möglichkeit, sie davon abzuhalten, die Hälfte der Spielsachen, Bücher und Küchensachen wieder auszupacken, die ich schon weggeräumt hatte. Wir wollten umziehen, und das konnte nicht früh genug passieren.

Obwohl wir uns vor allem auf unser neues Heim konzentrierten, wurde ich doch noch von anderen Dingen abgelenkt. Ein erstes Trimester mit Schwangerschaftsübelkeit bedeutete, die Nachmittage auf der Couch zu verbringen und alles Essbare herunterzuwürgen, was irgendwie appetitlich aussah. Wir hatten unsere Mühe, den Entwicklungsrückstand unseres 18 Monate alten Sohnes zu begreifen. Das war ein schmerzlicher Weg, mit dem wir nicht gerechnet hatten. Außerdem war es mitten im Winter, also die Jahreszeit, die ich am wenigsten mag.

Kurz gesagt: Ich wünschte mir, dass alles schon überstanden wäre. Vor allem, weil ich nicht erkennen konnte, was bei dieser anstrengenden Zeit an Gutem herauskommen sollte. Wenn das Leben begann, so anstrengend zu werden, musste es doch einen Sinn ergeben.

Wir entluden den Möbelwagen an einem rekordverdächtig warmen Februartag und ich erinnere mich noch genau an den Sonnenschein. Einige Stunden lang stand ich schon in unserem neuen, lichtdurchfluteten Heim. Das Ende dieser schwierigen Zeit war abzusehen und der Gedanke daran, die Kartons auszupacken und mit der Einrichtung zu beginnen, zauberte ein Lächeln auf mein Gesicht. Die größeren Herausforderungen des Lebens waren noch nicht vorüber, aber bald kam der Frühling. Das Eis, das von den Dächern schmolz, war der Beweis und ich konnte das Ende dieser Übergangszeit kaum abwarten, wenn die Blätter sprießen und die Kornfelder rings um uns her Frucht hervorbringen würden.

Das war nicht die erste Übergangszeit, deren Ende ich herbeisehnte. Zu der langen Wartezeit zwischen der Kindheit und dem jungen Erwachsensein gehört die unangenehme Pubertät. Zwischen dem College und dem Beruf lag ein Niemandsland mit Millionen Möglichkeiten. Die Monate zwischen dem ersten Kennenlernen und der Verlobung wurden von einer Zeit der nervösen Neugier ausgefüllt. Intensive Schmerzen und Krämpfe liegen zwischen dem Start der Wehen und dem Baby in meinen Armen.

Aus menschlicher Perspektive sind diese Zwischenzeiten nicht sehr begehrenswert. Vielmehr verursachen sie oftmals Schmerzen, Unbequemlichkeit, Verwirrung, falsche Anfänge und Konflikte. Zeiten der Veränderung fühlen sich oft an, wie sinnlos eingequetscht zwischen den guten alten Tagen und dem nächsten aufregenden Lebensabschnitt. Doch wir müssen irgendwie von A nach B kommen und in der Zwischenzeit tut Gott oft die wirksamsten Dinge, um uns Christus ähnlicher zu machen.

Die Botschaft des Zeitgeistes: Entdecke Schönheit in dem Elend und blicke nach vorn

In einem Zeitalter, in dem man alles teilt und postet, bekommen wir mit, wie die Menschen über die Veränderungen des Lebens klagen. Mütter schicken Bilder von ihren Umzugskartons oder ihrem wachsenden Babybauch mit passendem Letterboard. Andere schreiben, dass sie wegen ihres leeren Mutterleibes traurig sind; wieder andere drücken ihre Sorgen aus, während sie auf die Diagnose ihres Kindes warten. Wir gewöhnen uns daran, den unbequemen oder schmerzlichen Lebensveränderungen ins Auge zu blicken, indem wir uns beieinander einhaken und gemeinsam die Wege beschreiten.

An diesem Trend ist etwas Gutes. Die Anerkennung und Würdigung verwirrender Lebensabschnitte zeigen uns, dass wir nicht allein sind. Das lässt uns erleichtert aufatmen. Jesus weinte mit den Betrübten. Ihm ging es darum, die Leiden von Kampf, Schmerz und Tod nicht kleinzureden. Aber wir müssen uns fragen, ob positive Beteuerungen und die Aufforderung: »Schau nach vorne!« genügen, um unseren Blick ausreichend und bis zu wirklicher Hoffnung auszuweiten.

Die Klagen in der heutigen Mamakultur ermutigen uns, etwas Schönes in dem Durcheinander zu entdecken. Influenzer sagen uns, wir würden Ausdauer gewinnen, wenn wir das Gute um uns her dankbar verbalisieren: »Sei einfach positiv! Es mag Dir schwerfallen, wieder auf die Beine zu kommen und nach Deinem Baby wieder Freude zu finden, aber versuche trotzdem, es zu genießen – Du wirst diese Jahre eines Tages zu schätzen wissen!«

Wir sind versucht, uns nur auf das zu freuen, was als Nächstes kommt, indem wir unsere Augen auf die Belohnung – auf das Ende der Veränderung richten. Wir sagen uns selbst: »Diese Schwangerschaft ist mühsam, aber es wird alles besser, wenn das Baby erst da ist« oder »Ein Umzug mit einem Kleinkind ist ziemlich chaotisch, aber nun sind wir bald in unserem bleibenden Zuhause. Dann kommt alles in Ordnung.«

Aber was ist, wenn die Schwangerschaft nicht zu einem gesunden Baby führt? Was geschieht, wenn das Baby nicht gesund ist und keine Nacht durchschläft? Was geschieht, wenn der Hausverkauf nicht zustande kommt oder Dein Mann arbeitslos wird? Unsere Hoffnung auf die Umstände zu setzen, ist immer gefährlich. Ebenso, zu denken: »Das ist die letzte Veränderung. Wenn die erst überstanden ist, werden wir endgültig glücklich sein.«

Dankbarkeit und positives Denken sind im Augenblick hilfreich, aber sie können nicht allen Schmerz lindern. Vorwärts auf zukünftige Ereignisse zu schauen (außer auf Gottes Verheißungen), bringt Erleichterung, wenn alles nach Wunsch verläuft, aber dafür gibt es keine Garantie. Wir brauchen etwas, für das dies alles sich wirklich lohnt. Etwas, was uns Leben gibt, auch wenn alles wie der Tod aussieht. Etwas, was uns einen Sinn gibt, wenn unsere Tage sinnlos erscheinen. Etwas, wobei unsere Wunden gesehen werden und doch etwas unendlich Besseres vorbereitet wird. So schwer es auch ist, sich immer wieder daran zu erinnern: Wir leiden für die Hoffnung, die vor uns liegt. Wir vertrauen darauf, dass Gott ein größeres Ziel hat als den Kummer, den wir heute erleben.

Die Botschaft des Evangeliums

SCHÖPFUNG: Zuerst Eden

Wenn wir an unsere Veränderungen denken – von einem Haus in ein anderes, von einem Land in ein anderes, von einer Familiengröße zu einer anderen, von einem Lebensabschnitt in einen anderen – müssen wir an die viel größeren Veränderungen des Volkes Gottes denken. Die Reise dafür begann in Eden.

Der Beginn der Menschheit war ein Garten, in dem die Menschen Umgang mit Gott hatten und Gemeinschaft mit ihm genossen (vgl. 1Mo 3,8). Nackt, ohne Scham, perfekt und beauftragt – ihr Werk war von großer Wichtigkeit. Obwohl auch sie Veränderungen erlebten (man denke an Adam und Evas gemeinsamen ersten Tag), wurden sie nicht von der frustrierenden Erschöpfung gestört, die viele unserer Veränderungen kennzeichnet. Gott nannte das alles »sehr gut« (1Mo 1,31).

SÜNDENFALL: Verbannung aus Eden

Adam und Eva erlebten ihre erste, von Sünden durchsiebte Veränderung, nachdem sie von dem Baum der Erkenntnis des Guten und Bösen gegessen hatten. Dem *einen* Baum, den Gott ihnen verboten hatte. Die »sehr guten« Ebenbilder Gottes versteckten sich nun als schamerfüllte Sünder. Aber damit sollten die Veränderungen und Flüche noch nicht zu Ende sein.

Alles wurde nach dem Paradies für sie mühsam – der Mann kämpfte und rackerte sich bei seiner Arbeit ab und die Frau litt bei jeder Geburt schreckliche Schmerzen (vgl. 1Mo 3,14-19). Satan ließ auf allen Gebieten des menschlichen Lebens sein Schlangenzischen vernehmen, um dadurch auch die kleinsten Veränderungen beschwerlich und auch für Glaubende kaum tragbar zu machen.

Auch Tausende von Jahren später sollten heutige Mütter immer noch die neun Monate der Schwangerschaft mit bangen Erwartungen und die nachgeburtlichen Monate mit Erschöpfung erleben. Uns ist so bewusst, dass Veränderungen Schwierigkeiten enthalten, dass wir schon damit rechnen, und es nicht nur für eine bloße Wahrscheinlichkeit halten. Wenn die Familie von zwei Kindern zu drei Kindern anwächst, als Missionare in ein anderes Land zu ziehen, nach einer Urlaubswoche zum normalen Familienleben zurückzufinden, oder ein weiteres Pflegekind aufzunehmen – all das ist genauso schwierig, wie wir es uns gedacht haben. Wir wissen, dass wir nicht mehr im Paradies sind, und wir sehnen uns danach, einen friedevollen, schönen Ort zu finden, der ihm ähnlich ist.

Das wachsende Volk Israel erlebte auch harte Veränderungen, nachdem es mit Jakob »den Garten« verlassen hatte. Anfangs wurden sie von Josef gut versorgt, doch dann wurden sie Sklaven, die sich nach Rettung sehnten. Nachdem sie befreit worden waren, irrten sie in der Wüste umher, bis sie zu zweifeln begannen, dass sie ihre Bestimmung – das verheißene Land – jemals erreichen würden. Und als sie es erreicht hatten, mussten sie eine Reihe glaubensloser Richter und Könige ertragen. Nach der teilweisen Deportation ins Exil führte Gott sie durch eine lange Zeit, in der keine Propheten zu ihnen redeten, während sie auf den Messias warteten.

Gottes Erlösungsplan vollzog sich schmerzlich langsam. Doch er arbeitete in Zeiten der Veränderung an ihrer Wiederherstellung und verfolgte wunderbare Absichten. Über Jahrtausende brachte er die Geschichte an den Punkt, an dem sein Sohn in Bethlehem ankommen sollte. Das Volk hielt nach einem deutlichen Ende seiner Drangsal Ausschau, und Gott sorgte für eine unerwartete Lösung durch seinen Sohn: Er ist die Grundlage dafür, dass Gott mit seinem irdischen Volk Israel in Zukunft einen neuen Bund schließen wird (vgl. Hebr 8,13).

Mithilfe des innewohnenden Heiligen Geistes kann Gottes Volk Drangsale mit Freuden ertragen, weil es weiß, dass dadurch sein Glaube tiefer, größer und fester wird als zuvor (vgl. Jak 1,2-3). Gläubige wechselten von ihrem alten Ich zu ihrem neuen Ich, indem sie inmitten von Anfechtungen ein heiliges Leben führten (vgl. Eph 4,22-23). Jetzt können wir uns zu größerer Heiligkeit wachsen sehen, wenn wir Christus in unsere Veränderungen einbeziehen. Dann unterlassen wir das Sündigen und lieben einander, weil Gott die Frucht des Geistes in uns wirkt (vgl. 2Kor 3,18 und Gal 5,22-23).

Um Jesu willen sind die Veränderungen zwar auch durch Schmerzen, Schwierigkeiten und Kämpfe gekennzeichnet – sie sind

Gott
hat ein
größeres
ZIEL
als den
KUMMER,
den wir
heute
erleben

jedoch Teil seines Plans, der durch die Heiligung des Gottesvolkes erkannt wird, wenn es alte Sünden aufgibt und in der Christusähnlichkeit zunimmt.

Die VOLLENDUNG: Ein neues Paradies

Alle, die zu Gottes Volk gehören, verändern sich, während sie immer noch warten. Wir befinden uns immer noch zwischen Punkt A (diese Erdenzeit, in der wir zwar errettet, aber noch nicht vollkommen wiederhergestellt sind) und Punkt B (wenn Jesus alles neu macht). Obwohl wir schon Erlösung in kleineren Zeiten des Schmerzes, der Unannehmlichkeiten, der Kämpfe und der Läuterung erleben, so spiegeln diese Miniveränderungen doch nur die ganz große Veränderung wider, die in einen Frühlingsaufbruch unvorstellbaren Ausmaßes münden wird.

Die Garantie besteht darin: Dank Gottes Verheißung werden wir es nach Hause schaffen (vgl. Joh 6,37). Wir werden den Sinn der Mühsale dieses Lebens verstehen, wenn wir das neue und bessere Paradies erreicht haben. Da werden wir durch Christus in alle Ewigkeit volle Gemeinschaft haben.

Keine vergeudeten Zeiten

Es hilft, wenn wir wissen, dass es eine größere Geschichte gibt, durch die die Schmerzen und Kämpfe im Zusammenhang mit den Veränderungen in unserem Leben erklärt werden. Aber ehrlich gesagt: Das nimmt nicht immer aus allem den Stachel, wenn wir uns zum Beispiel nicht sicher sein können, dass der Ehemann eine neue Arbeit findet, oder wenn wir das Gefühl haben, in der neuen Stadt keine Gemeinde finden zu können. Wenn wir uns durch die Schwierigkeiten kämpfen, die mit der Einordnung eines Adoptivkindes in unsere Familie entstehen, oder wenn wir uns über die ersten paar Ferienwochen ärgern, nachdem unsere Kinder das ganze Jahr zur Schule gegangen sind, dann beginnen wir, das für vergeudete Zeiten anzusehen, und unser Ziel besteht nur noch darin, zu überleben.

Ich kann von harten Zeiten berichten, als sich die Größe unserer Familie änderte. Als wir vier Kinder unter drei Jahren hatten – das Jüngste war gerade geboren – schienen mir die Tage unendlich lang zu sein. Eines Morgens ging mein Mann vor dem Gottesdienst schon früh aus dem Haus und ließ mich mit den anderen allein zurück. Ich hatte mir fest vorgenommen, etwas für einen Imbiss vorzubereiten, an dem wir nach dem Gottesdienst teilnehmen wollten. In wenigen Stunden musste ich stillen, duschen, allen die Sonntagsklamotten anziehen und ein Essen vorbereiten. Es gab viel Heulen und Zähneknirschen.

Als wir es endlich zu dem Imbiss schafften, war ich so müde und fertig mit den Nerven, dass ich stolperte und die Schüssel mit dem Essen fallen ließ, als ich sie auf den Tisch stellen wollte. Die Hunderte von Glassplittern auf dem Boden waren ein schrecklich deutliches Bild meines Herzens während unseres Übergangs zu einem neuen »Normal«. Ich war ein großer Scherbenhaufen, der in alle Richtungen schoss, und in solchem elenden Zustand war ich mir gar nicht mehr sicher, irgendwie brauchbar zu sein.

Veränderungen können so aussehen. Sie können das Schlimmste in uns hervorbringen und uns von allem entblößen, was wir brauchen, um glücklich und erfolgreich zu sein und uns wohlzufühlen, bis sich unsere wahre Natur offenbart. Gott zeigt uns unsere ungeduldige Verzweiflung, wenn der Ehemann bis spät in die Nacht arbeitet oder wochenlang verreist ist. Gott zeigt uns unser wankelmütiges Herz, wenn der laute Tumult unserer Kinder uns dazu bringt, bei den Sozialen Medien Zuflucht zu suchen.

Wenn ein Goldschmied Gold läutern will, erhitzt er es so lange, bis die Unreinheiten an die Oberfläche treten, damit er sie abschöpfen kann. Ohne die Hitze bleibt die Schlacke im Gold verborgen. In gleicher Weise erhitzen uns die Umstände, bis wir sehen, was in unseren Herzen ist. Es ist ja nicht so, dass wir eigentlich nette, tatkräftige Leute sind, die nun (nur wegen einer Veränderung oder anderer Dinge, die wir nicht unter Kontrolle haben) plötzlich irritiert und unfreundlich sind. Solche Veränderungen offenbaren einfach, was durch die Ruhe und Vertrautheit unserer bisherigen Umstände verdeckt war.

In gleicher Weise erlaubt uns Gott, die Schmerzen, Schwierigkeiten und Ungemütlichkeiten einer Veränderung zu erleben, damit unser Glaube erprobt und gereinigt wird, denn daraus entstehen ewige Herrlichkeit und Lob für Christus (vgl. 1Pt 1,7). Die Veränderungen, die Du nur allzu gern beenden möchtest, sind keine vergeudeten Zeiten – sie sind von Gott ausdrücklich beabsichtigt. Im Nachhinein sehen wir dann, wie Sünde und Not uns in die Arme unseres Vater getrieben haben, um ihn mehr zu lieben und seinem Sohn ähnlicher zu werden.

Etwas Besseres, nach dem wir ausschauen sollen

Es ist richtig, wenn wir nach etwas Besserem Ausschau halten, aber oft strecken wir uns nach dem Falschen aus. Wir sollten nicht einfach abwarten, bis die Veränderung beendet ist – also bis wir nachts wieder durchschlafen, bis wir uns an die Schulroutine gewöhnen, oder bis wir unsere Umzugskartons entleert haben. Vielmehr sollten wir abwarten, bis wir Jesus von Angesicht zu Angesicht sehen werden, und in der Zwischenzeit sollten wir darin unsere Freude und unser Ziel erkennen.

In der *Pilgerreise* – einer allegorischen Beschreibung des Christenlebens – geht die Hauptperson »Christ« auf die Reise aus der Stadt »Verderben« zur himmlischen Stadt.[7] Auf dem Weg dorthin begegnen ihm vielerlei Schwierigkeiten, Leute, die ihn vom »schmalen Weg« abbringen wollen, Leute, die ihn mit weltlichen

7 John Bunyan: *Pilgerreise zur seligen Ewigkeit.* Verlag der St.-Johannis-Druckerei C. Schweickhardt: Lahr-Dinglingen, 1983. 10. Auflage.

Vergnügungen zufriedenstellen möchten und Geschöpfe, die ihn einzukerkern und mit Lügen und Verzweiflung zu besiegen versuchen. Dabei folgt auf jede Prüfung eine Zeit der Ruhe und der Stärkung. Er erfährt die Freude der Ermutigung und Gemeinschaft mit anderen Gläubigen, doch ertrinkt beinahe auf dem letzten Stück seiner Reise, als er den Fluss vor der Himmelsstadt durchquert.

Geschichten wie diese erinnern uns daran, dass unser Lebensziel nicht einfach darin besteht, die harte Prüfung des Augenblicks zu überleben, in der Hoffnung, sie sei die letzte. Sondern vielmehr sollen wir alles aushalten für das, was Gott wirklich am Ende für uns vorgesehen hat, auch wenn wir den Ausgang nicht erkennen können.

Gott verspricht uns nicht, dass die augenblickliche Veränderung das von uns erwünschte Ende nimmt. Er verspricht uns aber, dass er den ganzen Weg über bei uns sein will. Er will uns Kraft, Stärkung und Ermutigung geben bis wir unseren endgültigen Punkt B erreicht haben, wo wir niemals mehr Kummer erleben werden (vgl. Ps 23,4; 2Kor 12,9-10; Offb 21,4). Genauso wie er für die müden und durstigen Israeliten auf ihrer Reise durch die Wüste eine Oase bereitete, kann er auch in unseren Zeiten der Veränderung Erfrischung darreichen, wenn wir ihn im Glauben darum anrufen (vgl. 2Mo 15,22.27).

Als ich morgens immer wieder Übelkeit und andere gesundheitliche Probleme hatte und zwischen kleinen Kindern und Umzugskartons saß, brauchte ich unbedingt das Versprechen, es werde wieder Frühling. Aber es war nicht so, dass die Blumen blühten und der Mais zu wachsen anfing, als wir endlich in unser Haus eingezogen waren. (Vieles blieb viel länger in den Kartons, als ich gehofft hatte.) Es war auch nicht so, dass ich im zweiten Trimester plötzlich voller Energie war. (Tatsächlich war ich die ganze Schwangerschaft über sehr erschöpft.) Und es war auch nicht so, dass unser Sohn endlich gesundheitliche Fortschritte machte und die Medikamente nicht mehr brauchte. (Sein Zustand blieb unverändert und unsere Sorgen nahmen zu.) Ich musste den Wert solcher Veränderungszeiten erkennen lernen, als Gott grub und pflügte und harkte, um den harten Boden meines Herzens brauchbar zu machen. Er war dabei, ihn neu mit Glauben zu besäen, der irgendwann eine großartige Ernte für sein Reich hervorbringen konnte. Er war nicht zufrieden damit, das Feld meines Lebens brach liegen zu lassen.

Der ultimative Frühling, nach dem wir alle Ausschau halten sollten, ist, wenn Satans eisige Umklammerung auftaut, mit der er die Erde festhält, wenn der volle und endgültige Sonnenschein Gottes und des Lammes die Straßen des Neuen Jerusalems erleuchtet (vgl. Offb 21,23). Das wird das wahre Ende der riesigen Verwandlung sein, in der wir alle stecken und seufzen. Das ist aber auch das Einzige, auf das wir uns ganz sicher verlassen können.

Übergangszeiten gehören zu unserem Leben. Wir mögen solche Zeiten nicht besonders, aber wir müssen keine Angst vor ihnen haben. Gott liebt uns zu sehr, um uns in unserer Bequemlichkeit unversehrt sitzen zu lassen. Adoptionen, Unfruchtbarkeit, Arbeitslosigkeit, kranke Familienmitglieder, neue Berufe und neue Schulen scheinen uns oft zu schwer zu tragen. Aber lasst uns einfach dann froh sein, wenn wir Augenblicke der Freude und der Ruhe haben, weil wir wissen, dass Gott für heute gute Pläne bereithält und uns unsere endgültige Bestimmung fest zugesagt hat.

DISKUSSIONSFRAGEN:

1. In welcher Veränderung steckst Du gerade, und wie gehst Du mit dem damit verbundenen Stress um?

2. Wie könnte Gott in Deiner Veränderung an Dir arbeiten, damit mehr als nur das Überleben dabei herauskommt? Welche sündigen und götzendienerischen Züge erkennst Du, die Du vorher nicht wahrgenommen hast, und was willst Du dagegen tun?

3. Wofür willst Du Gott heute danken, weil Du weißt, dass dies keine vergeudete Zeit ist?

6

DAS EVANGELIUM UND UNSERE EHEN

Laura

An unserem ersten Valentinstag ging mein Mann komplett aufs Ganze: Eine Reihe von Pralinen und zwei Dutzend rote Rosen. Eine Schlittenfahrt mit Felldecken und Thermosflaschen voll heißer Schokolade. Dann folgte ein schickes Abendessen außerhalb der Stadt, wo winzige Boote Sushi an unseren Tisch brachten. Und zu guter Letzt Diamantohrringe.

Die hast du nicht kommen sehen, oder? Als er sie mir gab, fing ich sofort an, zu weinen und versicherte ihm, sie nicht verdient zu haben. Noch nie hatte jemand mich dermaßen verwöhnt, mich dermaßen gefeiert, einfach nur, weil er mich mochte.

Lange danach, am Valentinstag 2018 – also zehn Jahre nach unserem Kennenlernen, sieben Jahre nach der Hochzeit und drei Kinder später – waren wir gerade beim Umzug und wohnten für einige Zeit bei meinen Eltern. So trafen wir uns nach Arbeitsschluss, um uns nach einem eventuellen Eigenheim umzusehen. Ich trug das Baby, während er die zwei Älteren an der Hand hielt. So stapften wir durch den Schnee, um das Land zu erkunden.

Hinterher gingen wir in ein Restaurant voller Paare, um eine Kleinigkeit zu essen. Höchstwahrscheinlich waren wir die Einzigen mit Kindern im ganzen Haus. Während wir am Tisch saßen, erwischten wir unsere Älteste bei einer Lüge. Ich nickte ihrem Vater zu, damit er die Sache regelte. Das tat er auch. Ich fand es allerdings nicht ausreichend und konnte nicht widerstehen, meinen Senf dazuzugeben und die »schreckliche Unaufrichtigkeit« meiner Vierjährigen anzuprangern, die aber schon wieder abgeschaltet hatte.

Als wir nach Hause gekommen waren, teilten wir die Pflichten auf. Ich gab dem Baby die Flasche, er half den anderen beiden dabei, sich die Hände zu waschen und die Zähne zu putzen. Am Ende kamen wir alle im selben Zimmer zusammen. Mein Mann schaltete Musik an, und sofort begann eine Tanzpartie für die ganze Familie. Als die Kinder endlich im Bett waren, schob mein Mann mir ein in rote Folie verpacktes Schokoladenherz zu und sagte: »Alles Gute zum Valentinstag, Schatz! Schau, was ich dir mitgebracht habe – das hat man mir auf der Arbeit geschenkt!«

Die Dinge haben sich ein wenig gewandelt, um es milde auszudrücken. Obwohl der erste Valentinstag stets einen besonderen Platz in meinem Herzen haben wird (und nicht nur wegen seiner Extravaganz), bin ich froh, dass sich der Feiertag für uns verändert hat. Das gilt nicht nur für unser Zuhause, nicht nur für unsere Familie und wie wir unsere Tage verbringen – ich freue mich darüber, wie *ich* mich verändert habe. Mein Mann und ich sind total unterschiedlich, und Gott hat unsere Ehe und die Erziehung unserer Kinder dazu benutzt, mich wie Gold im Schmelzofen zu reinigen. Die Reinigung zur Heiligkeit tut weh – manchmal so sehr, dass man es kaum aushalten kann. Aber ich danke Gott für das Werk, das er an mir tat, damit ich heiliger werde. Ich habe noch einen langen Weg vor mir (ich denke zum Beispiel an meinen unpassenden Kontrollwunsch in Erziehungsmomenten). Aber Gott benutzt meinen Mann, um die Schlacke zu entfernen, damit nur das Gold übrig bleibt.

Die Botschaft des Zeitgeistes: Liebe – leicht und luftig

Neulich war ich auf einem Doppel-Junggesellinnenabschied, und als ich den verlobten Frauen zuhörte, die über ihre anstehenden Hochzeiten sprachen, musste ich einfach an meine eigene denken. Ich war genauso wie sie gewesen – voller Hoffnung und Optimismus. Die Beziehungen zu ihren Verlobten schäumten über von Romantik, Entgegenkommen und Verständnis!

Wenn Bräute sich auf den Gang zum Traualtar vorbereiten, sind sie oft voller Zuversicht: »Solange wir einander haben, wird alles gut gehen – egal, womit uns das Leben überfällt!« Die Welt erzählt uns, eine Ehe bestehe aus Rosen, Schlittenfahrten, Diamanten und Booten, die uns Sushi bringen. Wir glauben, eine solche leichte Liebe verdient zu haben – tagsüber voller Romantik und nachts voller Zärtlichkeiten. Eine Ehe voller Aufregung und Erfüllung und ungebremster Leidenschaft! Obwohl wir wissen, dass die Zukunft auch schwierige Dinge bringt, glauben viele, all diese Probleme gäbe es »irgendwo da draußen«, doch wir werden ihnen zusammen mit unseren Ehemännern trotzen, wenn sie auf uns zukommen.

Doch bald war's das auch schon. Wie bei einem Vulkan bricht die betörende Liebe mit Leidenschaft hervor und brennt dann aus und lässt Dich knietief in grauer Asche zurück, mit der Du dann fertigwerden musst. Dein Mann enttäuscht Dich, Du enttäuschst ihn, und Dein Glaube an die Ehe ist erschüttert. Plötzlich sind die Probleme nicht »irgendwo da draußen«. Sie sind in Deinem Haus, sie leben *mit Dir* und (auch wenn Du es noch nicht sehen kannst) *in Dir*. Aber mach Dir keine Sorgen – der Zeitgeist hat eine Antwort darauf: Du musst nur die Idee »Heiraten macht glücklich!« gegen »Deine Kinder machen Dich glücklich!« eintauschen.

Ehe Du Dichs versiehst, erwartest Du nun Erfüllung von dem winzigen, schreienden Baby, das Du gerade in der Wiege wie eine Frühlingsrolle eingewickelt hast. Dein Ritter in glänzender

Rüstung ist jetzt Dein Feind, wenn Ihr mitten in der Nacht geflüsterte Wortgefechte ausführt und Ihr beide ärgerlich auf einander seid wegen einer Sache, die keiner von Euch in der Hand hat. Deine Kinder wachsen heran und genauso Dein Groll gegen Deinen Mann. Unser innerer Schutzmechanismus besänftigt unsere verwundete Seele, indem er Papa wegen der Beziehungsschwierigkeiten und Streitereien die Schuld gibt. Darum zählst Du Deinem Ehemann alles Versagen auf, errichtest eine Schutzmauer, hältst ihn auf Armeslänge fort und ziehst dafür die Babys an Dich.

Das ist ein Teufelskreis. Und der hört nicht auf, bis einer von Euch das Handtuch wirft und zugibt: »Ich bin das Problem. Es tut mir leid – magst du mir vergeben?« Doch das kostet eine Menge Überwindung. Vielleicht bringen wir es fertig, uns oberflächlich zu entschuldigen und aus eigener Kraft unser Verhalten ein wenig zu modifizieren, aber wir werden unser äußerliches Verhalten niemals wahrhaft ändern können, bevor wir nicht tiefer graben – bis zur Veränderung unseres Herzens. Eine Umwandlung dieses Ausmaßes entsteht nur durch das reinigende, wiederherstellende Werk des Evangeliums.

Die Botschaft des Evangeliums

SCHÖPFUNG: Eine Einheit

So ähnlich wie die Bräute beim Junggesellinnenabschied haben die erste Braut und der erste Bräutigam wahrscheinlich ebenfalls ihre Ehe mit grenzenloser Hoffnung und viel Optimismus begonnen. Als Gott Eva erstmals zu Adam brachte, war dies ein hochemotionaler Augenblick – die erste von zahllosen Hochzeiten, die zwei Menschen lebenslang zusammenführen würde (vgl. 1Mo 2,24). Gott gab dem neuen Paar einen Auftrag und eine Mission. Sie sollten fruchtbar sein und sich vermehren und sich die Erde untertan machen (vgl. 1Mo 1,28). Sie sollten Gott jeweils auf einzigartige Weise widerspiegeln, denn sie unterschieden sich voneinander – doch ihre Unterschiede waren nicht trennend, sondern einander bereichernd. Sie brauchten einander, um die von Gott erhaltenen Aufgaben zu erfüllen. Im Paradies wurden sie vereint – aus Zwei wurde Eins – als sie selbstlos zusammenarbeiteten und ein wunderschönes Bild von Liebe und Harmonie ergaben, indem sie Gott allein anbeteten.

SÜNDENFALL: Eine geteilte Einheit

Doch wie in unseren eigenen Ehen waren Adam und Eva nicht immun gegen die Fehler des anderen. Nach nur drei kurzen Kapiteln der Bibel gehört ihre perfekte Beziehung schon der Vergangenheit an. Als Eva Gottes guten Plan für ihr Leben und ihre Einheit mit Adam anzweifelte, gerieten Sünde und Trennung auf die Erde und schnitten geradewegs durch die Ehebeziehung.

Jetzt sitzen wir als Mann und Frau oft wie Einzelpersonen an verschiedenen Seiten des Tisches, anstatt nach Gottes Plan eine Einheit zu bilden. Dann handeln wir wie Feinde, nicht wie Verbündete. Wir fühlen uns wie die einzigen Richter und Beurteiler dessen, ob der andere in der Lage ist, seinen Zweck und seine Mission zu erfüllen. Wir setzen unsere eigenen Maßstäbe, anstatt die göttlichen zu akzeptieren. Jeder will recht behalten, und anstatt, dass einer den anderen durch Liebe gewinnt, wollen wir heiraten, um unsere eigennützigen Bedürfnisse und Begierden zu erfüllen. Wegen der Sünde und der durch sie verursachten Schmerzen wagen wir es nicht, uns zu öffnen, ehrlich zu sein und uns verwundbar zu machen. Als Mütter fühlen wir uns versucht, uns hinter unseren Kindern zu verstecken, und sie bedingungslos zu lieben, während wir unseren Männern eine immer länger werdende Liste unerfüllbarer Bedingungen vorhalten.

In der Ehe leben wir manchmal das »Ich« viel mehr aus als das »Wir«, weil das »Wir« uns zu risikoreich erscheint. Das wäre zu schmerzlich, zu hart, zu angreifbar. Wir wollen die Einheit nicht, weil wir unserem »Ich« nicht sterben wollen.

In unserem sündigen Zustand konnten wir uns sowieso nicht selbst sterben, aber Gott sei Dank hat Christus einen Weg gebahnt. Jesus liebt uns mehr, als es irgendein menschlicher Ehemann je könnte. Er führte ein vollkommenes Leben und bezahlte unseren Bund mit ihm mit dem Höchstpreis: seinem Leben. Durch sein Opfer stellte er dar, was die Ehe nur widerspiegelt – den Liebesbund zwischen Gott und seinem Volk (vgl. Eph 5,23). Diese Liebe bahnte den Weg, auf dem auch wir uns selbst sterben *können*. Das geschah zu dem Zeitpunkt, als wir vor seinem Thron gerechtfertigt wurden. Dann drückt sich das immer wieder durch Heiligung aus, wenn wir Tag für Tag unsere alte Natur verleugnen, unser Kreuz auf uns nehmen und ihm nachfolgen (vgl. Mk 8,34).

Durch Jesus wurde unsere zerbrochene Einheit mit Gott wiederhergestellt, und wir sind eins in Christus. »In Christus« zu sein, ist eine gute Botschaft für unsere Ehen, denn als Gläubige haben wir jetzt Teil an Christi wunderbarem Erbe vom Vater. Das heißt, dass wir in uns dieselbe wunderbare Liebe haben, die er hat – eine Liebe, die wahrer und wunderbarer ist als alle Märchen oder Liebesgeschichten, die jemals erfunden wurden (vgl. Röm 8,17). Jesu Liebe motivierte ihn, mit den Bedürftigen Geduld zu haben, freundlich zu denen zu sein, die ihn verletzten, und Geduld mit denen zu haben, die seinen Belehrungen nicht Folge leisteten. Seine Liebe trieb ihn zum Mitleid mit den Leidenden, bewirkte sein Gnadenopfer für Sünderherzen und bewegte ihn, seine endlose Vergebungsbereitschaft auch denen zu gewähren, die ihn verwarfen, ihm Übles taten und ihn verspotteten. Seine Liebe trieb ihn den ganzen Weg bis zu Tod am Kreuz um unsertwillen.

In Christus kann eine Frau dieselbe Liebe für ihren Mann haben.

VOLLENDUNG: Vereint für ewig

Eines Tages wird das Erleben unserer Einheit mit Christus nicht mehr durch das Durcheinander dieser verfluchten Erde verwischt werden. Wenn Christus wiederkommt, um uns, seine Braut, leiblich zu sich zu holen, werden wir nicht mehr unsere sündigen Begierden zu bekämpfen haben. Wir werden die Ehe im Himmel nicht mehr so erleben, wie wir sie hier und heute kennen (vgl. Lk 20,27-36). Stattdessen werden wir die beste aller denkbaren Beziehungen erleben – die zu Christus, wovon die irdische Ehe ein schwaches Abbild ist – und eine reine und innige Beziehung zu allen Mitheiligen.

Das bedeutet: Wir werden keine sinnlosen, bis in die Nacht andauernden Diskussionen mehr darüber haben, wie man das Baby zum Schlafen bringt, kein hitziges Flüstern mehr im Auto wegen einer Erziehungsmaßnahme, keine Beschuldigungen mehr wie: »Du hast das gemacht, du hast das nicht gemacht, du verstehst das einfach nicht«. In der Vollendung werden wir vollkommene Beziehungen, Gemeinschaft und Übereinstimmung mit anderen Gläubigen erleben, und das alles wegen der wundersamen, hingebungsvollen Liebe des Bräutigams.

Der Druck, vollkommen sein zu müssen

Es gibt Tage, da staune ich über meinen Mann und schaue ihn bewundernd an, während er unseren Minivan fährt. Und es gibt Tage, da denke ich im gleichen Minivan über all die Möglichkeiten nach, wie er sich als Ehemann und Vater noch verbessern könnte. Zum Beispiel, wenn ich kürzlich einen Podcast über Elternpflichten gehört habe, und dann nicht anders kann als zu denken: *Das hätte er unbedingt hören müssen!* Oder vielleicht hat mir eine Freundin gerade berichtet, wie ihr Mann die morgendliche Familienandacht organisiert, und ich halte seitdem die abendlichen Bibellesungen meines Mannes für unzureichend.

Im Gegenzug mache ich eine unpassende Bemerkung über den Staub auf seiner Bibel, oder belasse es nicht dabei, wenn er mit den Kindern ein »ernstes Wörtchen« redet, sondern setze noch eins drauf, weil ich das, was er sagte, für mangelhaft halte. Es kann auch sein, dass ich gar nichts sage und doch in aller Stille – Steinchen für Steinchen – eine Mauer zwischen uns aufbaue.

Ich könnte wetten, dass ich nicht die Einzige bin, die festlegt, wie »ein engagierter christlicher Vater« zu sein hat. Aber das wäre ein Standard nach meiner Vorstellung und nicht nach Gottes Gedanken.

Im Alten Testament zeigt uns Gott einen Teil seines Plans dafür, wie Eltern ihre Kinder erziehen sollten, und der ist erstaunlich unkompliziert. Er verlangt von Eltern, sich bewusst in ihre Kinder zu investieren, um ihnen beizubringen, Gott und sein Gesetz zu lieben (vgl. 5. Mose 6,4-7). Darin sollen sie sich befleißigen und es die ganze Zeit ausüben. Für uns bedeutet das heute, das Evangelium in unser praktisches Leben einzuflechten. Es bedeutet nicht unbedingt, dass zu diesem Befehl eine 20-minütige »Stille Zeit« gehört, in der Papa die Kinder mit der Gitarre bei der Andacht begleitet. Wir sollen es einfach machen, wie auch immer das aussehen mag. Auch wenn uns die Treue darin manchmal schwerfällt, sind wir diejenigen, die die Sache verkomplizieren.

Das Wunderbare daran, dass Gott uns als Eltern mit jeweils besonderer Persönlichkeit, mit besonderen Stärken und Begabungen erschaffen hat, besteht darin, dass wir unsere Unterschiede ausleben dürfen, und in unserer ehelichen Beziehung doch eins sein können. Dein Mann braucht in Deine Kinder nicht genauso zu investieren, wie Du es tun würdest – und auch nicht genauso wie das Idealbild eines Vaters, das Du Dir ausmalst. Weil Gott Mann und Frau so schuf, dass sie ihn jeweils auf ihre Weise darstellen, seid Ihr tatsächlich gemeinsam bessere Eltern als allein, indem Ihr die Stärken und Schwächen des anderen ausgleicht, wenn Ihr danach strebt, dem Evangelium entsprechend die Familie zu führen.

DAS
EVANGELIUM
ZEIGT UNS
EINEN
BESSEREN
WEG

Hier kommt eine gute Nachricht: Weil Jesus an unserer Stelle ein vollkommenes Leben führte, hört sowohl für den Mann als auch für die Frau der Druck auf, ein perfektes Elternteil zu sein. Jesus verpasste niemals den richtigen Augenblick, etwas zu lehren, er sagte nie etwas Verkehrtes und machte nie einen theologischen Fehler. Er hatte nie unreine Motive oder eine ungeduldige Haltung, und er hat niemals die Leute um sich her enttäuscht, wenn sie in Aufrichtigkeit zu ihm kamen. Er führte ein vollkommenes Leben, und weil wir zu Christus gehören, dürfen wir ihm bei allem vertrauen, was wir als Eltern vorweisen können. Und wenn Ihr beide gläubig seid, habt Ihr beide die Gabe des Heiligen Geistes, der uns beim Erziehen, beim Reifwerden und beim Erkennen des göttlichen Plans für die Familie hilft.

Liebe Mutter: Christus hat für alles gesorgt, was Du brauchst. Du kannst also aufhören, Deinen Mann mit den Erziehungsbüchern, den Konferenzen, den Bloggern oder dem Nachbarn nebenan zu vergleichen. Stattdessen begegne Deinem Mann mit der unaufhörlichen Gnade und Liebe, die Du empfangen hast, weil Du eine Miterbin Christi bist. Dann bist Du frei, die einzigartigen Gaben, die Dein Mann bekommen hat, zu genießen. Dann darfst Du es wagen, Dein Herz auch an den Stellen zu öffnen, die zerschlagen und mürbe geworden sind, indem Du Gott vertraust, Deine Familie trotz aller menschlichen Fehler und Torheiten näher zu sich zu ziehen.

Der Weg der Gnade

Vielleicht ist Dein Herz schwer, während Du dies liest. Vielleicht ist Dein Mann nicht gläubig, oder so wenig zu Hause, dass Du gar nicht weißt, wie es um seinen Glauben bestellt ist. Aber selbst wenn Dein Mann sich alle Mühe gibt, Gottes Berufung als Vater zu entsprechen, gibt es immer noch Sünde und Versagen. Diesseits der Ewigkeit haben wir alle Mängel. Oft besteht unsere erste Reaktion darin, unseren Ehemann nicht zu respektieren, an ihm herumzunörgeln, zu murren, ihn manipulieren zu wollen, sich zu sorgen und sich zu beschweren.

Doch das Evangelium zeigt uns einen besseren Weg. Egal, wie es Dir mit Deinem Ehemann geht: Lass ihn Christi Werk in Dir erkennen! Denk dran, dass Jesus Dich so liebte, als Du noch geistlich tot in Deinen Sünden warst, dass er für Dich starb (vgl. Röm 5,6-8). Biete Deinem Mann dieselbe Liebe an. Anstatt dauernd auf seine Fehler zu schauen, fang an herauszufinden, was er richtig macht. Lass die Liebe in Dir stärker sein als alle Missverständnisse, schwerer als alle bitteren Gefühle, lauter als Dein Rufen nach Gerechtigkeit und größer als Dein stolzes Herz!

Eine Ehe mag sich manchmal wie Schleifpapier für die Seele anfühlen, aber die raue Behandlung bildet und formt uns, sodass wir dem Bild Gottes ähnlicher werden. Lasst uns in unseren Ehen vor allem freundlich reagieren, sanftmütig reden, Verständnis üben, entgegenkommen und Selbstaufopferung zeigen. Wenn es Dir geht wie mir, ist es leicht zu vergessen, dass wir unsere Männer nicht so überzeugen können wie der Heilige Geist. Wir können aber für sie beten und Gott bitten, einzuschreiten und uns selbst Frieden und Vertrauen bei diesem Prozess zu schenken. Anstatt unsere Männer mit unseren Worten zu zerschmettern, lasst uns unsere gedanklichen Vergleiche zerschmettern, die sich so leicht bei uns einschleichen. Anstatt uns auf die Fehler unserer Männer zu fokussieren, oder sie schlichtweg zu übergehen und uns nur unseren Kindern zuzuwenden, lasst uns unseren Blick beständig auf unsere eigene Beziehung zu Christus richten.

Liebe Mütter, lasst uns Fürsprecher, Unterstützer und Verfechter der Einheit sein und die größten Fans unserer Männer. Es kann sein, dass unsere Ehe jetzt nicht das ist, was wir uns von ihr vorgestellt haben, als wir zum Traualtar schritten. Doch weil Christus uns zuerst geliebt hat, können auch wir von der ganz besonderen Liebe Christi zu unseren Männern überfließen, und eine Liebe offenbaren, die tiefer, überragender und brillanter ist, als wir es jemals hätten erahnen können.

Dieses Kapitel befasste sich vor allem mit Verletzungen, Kummer und Spannungen, die meistens durch Sünde in der Ehe entstehen. Wenn also Missbrauch (physischer, seelischer oder sexueller Art) oder andere unerlaubte oder verbotene Verhaltensweisen in Deiner Ehe vorkommen, sprich bitte mit jemandem darüber und suche Beratung und fachkundliches Eingreifen.

DISKUSSIONSFRAGEN:

1. Machst Du Deinem Mann irgendwelche Vorschriften, wie ein christlicher Vater zu sein hat? Wie stimmen diese Vorschriften mit denen Gottes überein?

2. Christus liebte uns so, dass er sein Leben für uns gab. Auf welche Weisen sollte Christi aufopfernde Liebe unsere Liebe zu unserem Ehemann beeinflussen?

3. An welchen Punkten könntest Du im Gebet arbeiten – in Bezug auf Deinen Mann und auf die Zusammenarbeit mit ihm?

7

DAS EVANGELIUM UND UNSERE GEWÖHNLICHEN AUGENBLICKE

Emily

»Hey Schatz! Das musst du dir anschauen!«

Nachdem ich ein Hemd in den Schrank gelegt hatte, lehnte ich mich über seine Schulter, um zu sehen, was er gerade auf seinem iPad hatte.

»Hier, sieh dir das an.« Er überreichte es mir mit einem Grinsen. Nachdem wir uns in letzter Zeit viel über Minimalismus im Haushalt informiert hatten, ahnte ich schon, worum es ging.

Eine Familie erschien in dem Video. Sechs oder sieben Kinder führten uns lächelnd in eine Waschküche, die zum »Familien-Kleiderschrank« umfunktioniert worden war. Reihen beschrifteter Körbe standen an den Wänden, jeder mit dem Namen eines Kindes versehen. Die Mutter erklärte ihr »Bündelsystem« und zeigte uns, wie sie auf dem Tisch passende Outfits zusammenstellte, wie ein Sushi-Meister zusammenrollte und mit einem dicken Gummiband zusammenband. Ich schaute meinen Mann an und sah ihn lächeln.

»Na, was hältst du davon?« Er war fasziniert und hoffnungsvoll, einen Weg gefunden zu haben, unsere Wäscheberge zu beseitigen.

Nachdem wir das Video gesehen hatten, holten wir alle Kinderkleidung hervor und machten unsere eigenen Outfit-Bündel. Wochen gingen vorüber, in denen unsere Hoffnungen in das neue System immer höher stiegen – und dann wieder sanken. Die Wäschebündel machten es einfacher, passende Kleidung auszusuchen (besonders für unsere Zwillinge) und halfen auch, die gerade benutzte Kleidung zu reduzieren. Aber an dem Ganzen war ein Haken. Solche Bündel herzustellen erforderte viel Zeit beim Falten der Kleidungsstücke. Wir mussten warten, bis alles gleichzeitig gewaschen war, damit wir die jeweiligen Teile kombinieren konnten, um dann unsere Abende mit dem Einrollen zu verbringen.

Wir probierten auch andere Wege, um das Wäscheproblem zu lösen: Konmari-Falten, nur wenige zeitlose Basics zu haben, ein Limit von fünf Outfits für jedes Kind, Hosen und Schlafanzüge mehrmals zu tragen und einige weitere Taktiken. Jede dieser Methoden ließ uns auf neue Effizienz hoffen, fügte aber auch einen zusätzlichen umständlichen Schritt hinzu. Egal, was wir versuchten: Fakt blieb, dass die Wäsche einer siebenköpfigen Familie Zeit erfordert.

Unsere Geschichte mit dem Wäsche-Management offenbart ein darunterliegendes Problem: Wie kann ein Ehepaar dem Trott des täglichen Lebens entfliehen? Wir wollten Ordnung reinbringen – nicht unbedingt zur Ehre Gottes, sondern um unsere normale Arbeitslast zu verkleinern, damit wir mehr Zeit für etwas Besonderes hätten. Für etwas, was *wirklich* zählt. Nicht für langweilige Wäsche.

Die Botschaft des Zeitgeistes: Außerordentliches ist besser als Gewöhnliches

Als Mütter fühlen wir uns oft durch die weniger aufregenden Aspekte des Lebens gefangen gehalten. Wir sträuben uns, wenn wir die hölzernen Eisenbahngleise zum hundertsten Mal in Ordnung bringen und die schmutzigen Tennisschuhe immer und immer wieder aufräumen. Wir seufzen bei der Jagd nach dem verlorenen Schnuller unter dem Sofa und haben die andauernde Diskussion wegen nötiger Grenzen satt. Darin liegt das Wesen des Gewöhnlichen: in den unzähligen monotonen, ermüdenden Augenblicken, die uns sinnlos erscheinen. Du läufst eben als Mutter in diesem Hamsterrad, weil Du für diese kleinen Menschen verantwortlich bist.

Aber die Welt um Dich her schätzt vor allem sichtbare Erfolge. Ganz gewöhnliche Treue gilt ihr nicht viel: die geputzten Arbeitsflächen, die sauberen Windeln, die Regale voller geliebter Bücher. Vollgepackt mit dem Alltäglichen fragen wir uns, ob wir unsere Zeit nicht auf eine bessere Weise verbringen sollten. Wenn unsere Tage interessanter und inhaltsreicher wären, würde vielleicht unsere Arbeit am Ende Bedeutung haben. Wir fragen uns: »Ist das alles?«

Dieses Gefühl, auf der Stelle zu treten, bringt uns dazu, all diese Alltäglichkeiten zusammenzuzählen, bis wir etwas Aufregenderes verdient haben – etwa einen Urlaub, einen Besuch im Frisörsalon, einen Abend mit unseren Freudinnen, einen ausgiebigen Einkaufsbummel, oder auch nur einige Zeit auf dem Sofa. »Ich habe für die Kinder und das Haus gesorgt, nun gehe ich für einige Stunden mit meinen Freundinnen aus!« Wir signalisieren unserem Ehemann, dass wir mal wieder eine schöne Karte oder einen dicken Blumenstrauß verdient hätten. Wie posten Bilder von unserem täglichen Leben in die Sozialen Medien, um viele Likes zu bekommen. So können die Leute unsere harte Arbeit würdigen, wenn sie unsere gefalteten Wäschestapel sehen.

Wenn unsere alltäglichen Bemühungen nicht ausreichen, um dafür etwas Besseres einzuhandeln, könnten wir versuchen, sie mit den neusten und großartigsten Strategien unter unsere Kontrolle zu bringen. Videos vom »minimalistischen Leben«, Organisierungs-Blogs und durchdachte Podcast-Episoden bieten uns Hoffnung, des nie endenden Kreislaufs von Verantwortlichkeiten Herr zu werden, der jedes Familienleben begleitet. Wenn wir das Alltägliche nicht ausschalten können, sollten wir es wenigstens unseren Absichten unterordnen.

Im Alltäglichen Sinn zu erkennen, ist ein gutes Ziel, doch wenn Sinn nur aus Abenteuern, Leistungen und Auszeichnungen besteht, könnten wir das Wesentliche übersehen haben. Wir können versuchen, dem Alltag zu entfliehen und ihn durch etwas Besseres zu ersetzen. Wir können uns ein neues Hobby suchen, in neue Beziehungen investieren und versuchen, das Beste aus unserer Zeit zu machen, um etwas mehr Produktivität und Freude in unser Leben unter der Sonne zu bringen. Aber trotz aller Anstrengungen müssen wir uns immer noch fragen, ob wir genug getan haben, um wirklich bedeutungsvoll zu sein, weil alles Neue am Ende gewöhnlich wird.

Wenn das Muttersein meistens aus einer Anreihung von Alltäglichkeiten besteht, und diese Alltäglichkeiten niemals unsere weltverändernden Erwartungen erfüllen – wenn wir das Gefühl haben, niemals bis zu einem außergewöhnlichen Leben vorzudringen – worauf kommt es dann an? Kann uns das Evangelium helfen, Ziel und Freude zu finden und Gottes außergewöhnliches Wirken zu erkennen – mitten in den Wäschebergen, den Schaukelstühlen, den Wegen zur Arbeit, der vollen Spüle und den langen Vormittagen, an denen wir mit unseren Kindern spielen?

Die Botschaft des Evangeliums

SCHÖPFUNG: Gute, gewöhnliche Arbeit für Gottes Volk

Von Anfang an wollte Gott, dass seine Leute arbeiteten, und ein großer Teil ihrer Arbeit war beides: alltäglich und gut. Als Adam und seine Gehilfin Gottes Erde mit Güte, Aufmerksamkeit und Autorität in Ordnung brachten, handelten sie im Bild Gottes und verherrlichten ihn dadurch. In ihrem Alltagsleben lag Würde, weil ihr Wirken seinen Ursprung in Gottes Auftrag hatte.

Als Mütter fahren wir fort, Gottes Wesen zu reflektieren, wenn wir seinem Bild entsprechen. Auch vor dem Sündenfall gab es gewöhnliche Augenblicke, und sie wurden von Gott selbst weder erniedrigt noch abgewiesen. Im Gegenteil: Sie waren gut und wertvoll, um das Leben erblühen zu lassen.

SÜNDENFALL: Gewöhnliche Leute wollten wie ihr außergewöhnlicher Gott sein

Zu ihrem Unglück war Eva weder mit der Fülle der göttlichen Vorsorge im Paradies noch mit der ihr zugeteilten Erkenntnis oder der ihr übertragenen Verantwortung zufrieden. Stattdessen hörte sie auf die Schlange, die sie dazu verführte, das Außergewöhnliche zu suchen: Sie wollte Gott gleich sein, indem sie von dem Baum der Erkenntnis des Guten und des Bösen aß (vgl. 1Mo 3,5). Sie war das erste menschliche Wesen, das die gewöhnlichen, menschlichen, durch Gottes Gebot festgelegten Grenzen überschreiten wollte, hinein in etwas Größeres, Gottgleiches und Unbegrenztes.

Das wirkt sich noch heute auf unser Leben aus, wenn wir uns versucht fühlen, zu glauben, dass die Notwendigkeit, Windeln zu wechseln, die Kinder zu erziehen, Essen vorzubereiten, E-Mails zu beantworten, Geschirr zu spülen, Rechnungen zu bezahlen und so weiter dermaßen belanglos ist, dass es unter unserer Würde liegt. Anstatt die guten, von Gott gesetzten Grenzen und Verantwortungen zu akzeptieren, möchten wir sie loswerden und Gott spielen und selbst über andere und vermeintlich bessere Dinge entscheiden können. Wie Eva wollen wir Gottes Aufgaben übernehmen – besonders, wenn es darum geht, die weniger aufregenden Augenblicke des Lebens zu vermeiden.

Damit haben wir aufgehört, unsere Identität in dem zu finden, was wir sind (Bildnisträger Gottes) und fangen an, sie darin zu suchen, was wir machen könnten (wenn unsere »Augen aufgetan« wären und wir uns für weise hielten) (vgl. 1Mo 3,6). Wir wollen mehr Schickes und weniger Normales. Wir möchten öfter gut essen, als nur Erdnussbutter und Marmelade.

Aber wenn wir den Rang unseres Daseins an seiner Produktivität festmachen, indem wir äußerliche Umstände vergleichen, um zu sehen, wessen Arbeit die beste und interessanteste ist, werden wir niemals mit unserem alltäglichen Leben zufrieden sein. Solange wir auf unsere eigene Fähigkeit stolz sind, mit der Normalität schnell fertig zu werden, um dann den besseren Rest des Lebens zu erreichen, wandeln wir auf Evas treulosen Spuren.

ERLÖSUNG: Christi gewöhnliches Leben und seine außergewöhnliche Liebe

Gott wusste, dass, als die Beziehung zu seinem Volk zerstört war, diese nur durch ein unvorstellbares Eingreifen wiederhergestellt werden konnte. Jesu Leben bestand aus dem Widerspruch von Gewöhnlichkeit und Außergewöhnlichkeit. Er betrat diese Welt auf dem normalen Weg durch Geburt, allerdings auf wundersame Weise durch den Leib einer Jungfrau (vgl. Mt 1,23). Er erlebte eine normale Kindheit in dieser Welt mit Arbeit, Essen, Spielen und Lernen. Sie war so gewöhnlich, dass wir fast nichts darüber wissen, aber wir wissen mit Sicherheit: Er war ohne Sünde (vgl. 2Kor 5,21).

Vor Jesu öffentlichem Dienst verbrachte er mehr als ein Jahrzehnt in einem normalen Beruf. Und während seines öffentlichen Dienstes fuhr er fort, alltägliche Dinge zu tun. Er verbrachte Zeit mit seinen Jüngern, er aß mit den Leuten, er lehrte Tag für Tag und zog umher. Aber obwohl er das irdische Leben kannte, lebte er es außerordentlich – wie nur der fleischgewordene Gott es konnte. Er vollbrachte Wunder, vergab Sünden, stillte Stürme, heilte Kranke und weckte Tote auf.

Sein außergewöhnlicher Auftrag gipfelte darin, dass er in seiner Kreuzigung einen Tod wie ein gemeiner Verbrecher erduldete und dadurch unsere Errettung vollbrachte. Gott wirkt sowohl im Abscheulichen als auch im Gewöhnlichen, um neues Leben, Erlösung und seinen souveränen Plan zu verwirklichen, und das Gleiche bewirkt er in denen, die den Heiligen Geist bekommen haben.

Mit dem Heiligen Geist als Helfer können wir nun ebenfalls unsere alltäglichsten Augenblicke neu ausrichten, schätzen und als Gnadenmittel für andere und für uns selbst nutzen. Wir sehen nicht immer, wie Gott wirkt. Aber wir vertrauen ihm, ohne es zu sehen und glauben, dass er seinen guten Willen umsetzen wird, auch wenn es in unseren menschlichen Augen gewöhnlich erscheint (vgl. Hebr 11,1). Sein Erlösungsplan entfaltete sich Jahrtausende lang durch normale Menschen, deren gewöhnliche Augenblicke zusammenliefen und in dem Sieg Jesu über den Tod ihren Höhepunkt erreichten. Der Herr ist eigentlich der Eine, der in dieser Geschichte die Hauptrolle spielt.

VOLLENDUNG: Gewöhnliche Arbeit wird neu

Obwohl wir nicht alle Details kennen, sagt uns die Bibel doch, dass Gott alles neu machen wird. Wir werden – wie Adam und Eva im Paradies – sinnvolle, gute und auch gewöhnliche Arbeit verrichten, allerdings alles zur Ehre Gottes. Wir werden aufhören, unsere Arbeit um unseres Stolzes willen nach dem »Cool-Faktor« zu beurteilen und stattdessen Jesus mit vielen Kronen krönen (vgl. Offb 19,12). Alle Augenblicke – die gewöhnlichen und die außergewöhnlichen – werden uns Anlass sein, vor dem Lamm auf dem Thron niederzufallen und seine Würdigkeit in allem anzubeten.

Wir wissen nicht immer, was Gott vorhat

Die gesamte biblische Geschichte zeigt uns, dass gewöhnliche Menschen nicht immer wussten, wann Gott ihre normalen Momente, ihre üblichen Berufe, ihre alltäglichen Beziehungen, ihr treues Miteinander und ihre beständigen Gebete für seine höheren Pläne und Absichten benutzte.

Im 2. Buch Mose handelten die Hebammen Schiphra und Pua sehr mutig, als sie den Pharao hintergingen und im Zuge ihrer gewöhnlichen Arbeit den hebräischen Babys das Leben retteten (vgl. 2Mo 1,15-17). Durch ihre Treue inmitten ihrer profanen und mühevollen Augenblicke – dem Helfen der Frauen bei der Geburt, beim Holen der Kinder auf diese Welt und beim Versorgen der Säuglinge – durchkreuzte Gott den Plan des Pharao, eine ganze Generation auszurotten.

Obwohl Maria eine geheimnisvolle Empfängnis durch den Heiligen Geist erlebt hatte und Mutter des Gottessohnes wurde, wird sie während ihres Mutterseins wohl viele Tage damit verbracht haben, noch mit anderen Kindern schwanger zu sein, Babys zu stillen, für die übrige Familie Essen zu kochen, die größeren Kinder zu unterrichten, Wasser zu holen und so weiter. Gott ließ seinen außergewöhnlichen Sohn, den Retter der Welt, in einem gewöhnlichen Zuhause aufwachsen.

Tatsächlich führten die meisten Menschen in der Bibel ein ganz gewöhnliches Leben. Menschen des Glaubens, deren irdisches Werk unkommentiert blieb, benutzte Gott, um gute und herrliche Dinge durch sie zu vollbringen. Das sollte uns Mut machen.

Wenn ich ein Kind schon tausend Nächte hintereinander in den Schlaf geschaukelt habe, darf ich darauf vertrauen, dass Gott diese alltäglichen Momente benutzen kann, um seinen Willen für mein Leben zu vollbringen. Wenn ich meinen Kindern beim Frühstück erkläre, dass das zu viel Nutella auf dem Brötchen ist, darf ich glauben, dass solche Gespräche Frucht bringen, wenn ich es auch nicht sehen kann. Wenn ich die Wäsche mache, für die nächste Woche einkaufe, das Kinderspielzeug aufräume und den Tisch zum x-ten Mal abwische, darf ich mich daran erinnern, dass ich darin ein Bild Gottes bin, das in einer kleinen Ecke der göttlichen Schöpfung für Ordnung sorgt. Ich weiß nicht immer, wie dieses Bild den Menschen um mich her das Wesen Gottes vermittelt, aber ich vertraue darauf, dass es das tut.

Ich vertraue einfach darauf, dass kein gewöhnlicher Augenblick zu winzig ist, als dass Gottes Herrlichkeit nicht hindurchstrahlen könnte.

Das Leben als Christ in dieser Welt

Der Teil in uns, der irgendetwas Außergewöhnliches vollbringen und »wie Gott« sein möchte, lebt immer noch in uns. Der Teil unseres Herzens, der nach etwas Besserem verlangt als nach Wäschebergen, oder auf dem Schulparkplatz wartend im Auto zu sitzen, oder dauernd dieselben Eigenheiten derselben Kollegen auszuhalten, dieser Teil brennt immer noch in uns.

Ich möchte oft Antworten auf diese Sehnsüchte finden, indem ich mein Leben frischer und aufregender mache, und weniger normal und nullachtfünfzehn. Ich scrolle durch die Sozialen Medien auf meinem Handy und hoffe, meinem Leben etwas Interessantes hinzufügen zu können. Ich versuche, das Geschirrspülen spannender zu machen, indem ich Podcasts höre, während ich schrubbe. Mit meiner Zeit sorgsam umzugehen ist gut, aber mein tiefstes Sehnen nach Herrlichkeit und Sinn finde ich nur in Christus.

Liebe Mutter! Weil wir in ihm vereinigt sind, *haben* wir eine außergewöhnliche Identität, und unsere Berufung *ist* großartig. Denk dran: Wir sind Teil einer gewaltigen Geschichte, die in der Herrlichkeit endet. An sich sind wir nichts Besonderes, aber Christus in uns ist spektakulär. Er ist unsere Hoffnung der Herrlichkeit (vgl. Kol 1,27). Mit unserer neuen Natur können wir alle möglichen außergewöhnlichen Dinge tun. Unsere neue Natur ist von Christus durch den Heiligen Geist vorgesehen und erkauft worden.

Wäsche zusammenzulegen mag etwas Profanes sein, aber es wird zu etwas Außerordentlichem, wenn wir es geduldig und mit Freuden und einem Herzen voll Liebe tun. Auf dem Sofa zu sitzen und einem weinerlichen Vierjährigen noch eine Geschichte vorzulesen, mag uns banal erscheinen, aber es ist etwas Außergewöhnliches, einem kleinen Sünder Freundlichkeit zu erweisen, der es nicht verdient hat. Den Kühlschrank mit Einkäufen zu füllen mag alltäglich sein, aber es ist etwas Außergewöhnliches, wenn wir dabei Gott für seine Versorgung danken. Unsere täglichen Augenblicke mögen gewöhnlich erscheinen, aber wenn wir sie ausführen, um damit die Frucht des Geistes zu offenbaren, reflektieren sie unseren außergewöhnlichen Erretter (vgl. Gal 5,22-25).

Mögen auch die Wäscheberge kommen und kommen und kommen – wobei ich mir sicher bin, dass mein Mann nicht aufhören wird, Wege zu finden, um diesen Prozess geordneter und effizienter zu gestalten – so können wir doch auch in den verborgenen, täglichen Augenblicken nach Vervollkommnung trachten, weil wir wissen, dass Christus unser Leben ist (vgl. Phil 1,21). Sogar das Wäsche-Zusammenlegen ist »von ihm und durch ihn und für ihn« (Röm 11,36). Und das ist ganz und gar nicht profan!

DISKUSSIONSFRAGEN:

1. Welche Tätigkeit als Mutter gefällt Dir am wenigsten? Wie würdest Du beschreiben, was Du dabei empfindest, und warum ist das so?

2. Wie stimmst Du mit Jesus bei Deinen alltäglichen Tätigkeiten überein, und auf welche Weise gibt Deine Rolle in Gottes Erlösungsplan dieser Tätigkeit einen neuen Sinn?

3. Auf welche Weise möchtest Du denen um Dich her heute oder in dieser Woche bei Deiner alltäglichen Arbeit Gottes Wesen zeigen?

8

DAS EVANGELIUM UND UNSERE GEBURTSERFAHRUNGEN

Laura

Ich hatte die Hälfte meiner ersten Schwangerschaft hinter mir, als sich der Nestbautrieb bei mir meldete. Aber bei diesem Instinkt ging es weniger um die Vorbereitung auf das kommende Baby als vielmehr um die Vorbereitung auf die Wehen und die Entbindung. Ich hatte online alles über Geburten gelesen und Freundinnen gefragt, wie es ihnen bei den Wehen ergangen war, und ich war fest entschlossen, alles für mein eigenes erträumtes Geburtserlebnis zu planen und vorzubereiten.

Ich besorgte mir bei Amazon die Bestseller über Wehen und Entbindungen, interviewte online einige Geburtsbegleiterinnen, besuchte ein Geburtszentrum, das eine der niedrigsten Kaiserschnitt-Raten in unserem Staat hat und meldete mich und meinen Mann in einem lokalen Geburtskurs an, den mir eine Freundin empfohlen hatte, die mir versicherte, dort alles gelernt zu haben, was ihr half, ein »perfektes, ganz natürliches Geburtserlebnis« zu bekommen. Als ich in der 32. Woche war, hatte ich einen zwei Seiten langen Geburtsplan. Dazu gehörte schwache

Beleuchtung, eine Playlist mit beruhigender Musik, eine lange Liste bevorzugter Methoden, wie man mich während der Geburt ermutigen sollte und sogar die Infusion, die ich am liebsten bekommen wollte. (Falls es jemanden interessiert: ein gerinnungshemmendes Mittel).

»Ich glaube, ich schaffe das, Schatz. Die komplett natürliche Geburt gehört mir, wenn ich sie wirklich will! Frauen sind Kämpferinnen! Unsere Körper sind dafür geschaffen worden!« Das oder so etwas Ähnliches habe ich meinem Mann wohl alle paar Wochen gesagt, wenn ich verbal verarbeitete, wie ich mir das Ankommen unseres Erstgeborenen auf diese Welt vorstellte. Mein Mann schlug sich wacker und unterstützte mich in meinen Hoffnungen auf eine vollkommen natürliche Geburt (wenn er meinen Ehrgeiz auch nicht völlig begriff). Trotzdem erinnerte er mich: »Wir wissen nicht wirklich, wie es laufen wird, nicht wahr? Wir reden hier davon, dass ein neues Leben auf die Welt kommt – so was ist unberechenbar, meinst du nicht auch?«

»Sicher!«, antwortete ich. Aber im tiefsten Innern war ich mir nicht so sicher. Sollte es keine superschnelle Entbindung werden, hatte ich einen Plan. Die Ärzte und Schwestern sollten auf mich hören, denn ich will ja nur das Allerbeste für mein Baby und mich – sollte das nicht reichen, um die Geburt zu bekommen, die ich mir wünschte?

Mit 39 Wochen fingen die Geburtswehen an. Sechsunddreißig Stunden später lag ich, von der Entbindung völlig erschöpft, zerschlagen und enttäuscht im Bett und hielt einen gesunden, 3 kg schweren Jungen in den Armen. Mein zweiseitiger Geburtsplan lag irgendwo zusammengeknüllt und vergessen auf dem Boden, genauso wie meine Traumgeburt. Anstatt von diesem neuen Leben in meinen Armen überwältigt von Freude zu sein, liefen bittere Tränen über meine Wangen. Mein Sohn fühlte sich in meinen Armen fremd an, und ich war so unbeholfen, dass ich den Kleinen am liebsten wieder meinem Mann zurückgegeben hätte.

In den folgenden Wochen und Monaten gingen mir solche Fragen immer wieder durch den Kopf: *Was war schiefgelaufen? Hätten wir etwas anders machen können? Musste es so kommen? Warum war meine Geburtsgeschichte so schrecklich?*

Die Botschaft des Zeitgeistes: Perfektion ist möglich

Schon von Jugend an wird Frauen beigebracht zu hoffen, eines Tages Mutter zu werden und eigene Kinder zur Welt zu bringen. Als Frauen lernen sie allmählich, wie das alles funktioniert. Enge Freundinnen erzählen, wie sich aufbauende Wehen anfühlen, andere offenbaren das Grauen einer Intimdusche – obwohl sie versuchen, es als ganz wunderbar darzustellen – und die online geposteten Geburtsgeschichten berichten in Wort *und* Bild von jedem Detail der Wehen und Entbindungen. Artikel im Internet erklären, was man in die Krankenhaustasche packen sollte, wie man einen Geburtsplan aufstellt und welche Musik in der Übergangszeit am besten beruhigt. Die Hilfen und Ratschläge für eine perfekte Geburt (was auch immer man unter »perfekt« versteht) sind eine schier endlose Quelle. Besonders, wenn eine Frau zum ersten Mal entbindet, sammelt und besorgt sie sich diese Geschichten und Tipps, die sie wie ein Sicherheitsnetz knüpft, damit die Geburt ihrer Träume wahr wird.

Heutzutage denkt man über die perfekte Geburt wie über den Heiligen Gral. Wenn wir nur die richtigen Bücher lesen, deren Methoden anwenden und ausreichend Ausdauer und Willenskraft besitzen, dann haben wir die Kraft, eines der verwundbarsten und würdelosesten Dinge in den Griff zu bekommen, die wir jemals tun werden. Indem wir es nach unseren Wünschen gestalten, beweisen wir damit unsere eigene Kraft und Kontrolle. Unsere natürliche Neigung zum Stolz redet uns ein, dass, wenn wir unsere perfekte Geburtsvorstellung durchsetzen, wir sie überall wie einen Orden umhertragen können. Das Gespräch kommt bei einem Essen mit

Freundinnen oder einer Babyparty auf? Sorg dafür, dass Du auch erwähnst, alles sei genau nach Deinem Plan verlaufen. Weltliche Ehren im Zuge einer perfekt ausgeführten Geburt sind verlockend. Wer möchte nicht wie eine Heldin dastehen?

Manche Frauen erleben tatsächlich die Erfüllung ihrer Pläne. Aber für viele Frauen verläuft die Geburt eben ganz anders als geplant, egal, wie viel Willenskraft sie mit in den Entbindungsraum gebracht hatten. Es tut weh, an unsere Grenzen zu kommen und unser Versagen zu erkennen. Anstatt uns wie Heldinnen zu fühlen, fühlen wir uns wie eine Null. Warum sollten wir dann nicht so tun, als würde es uns überhaupt nicht so wichtig sein?

Also verhüllen wir unsere Enttäuschung, eine bestimmte Art von Geburt nicht gehabt zu haben, indem wir es herunterspielen: »Eigentlich ist uns das ziemlich egal. Lass uns das doch mit Humor nehmen!« In den Sozialen Medien werden Bilder von dem Chaos und den entwürdigenden Details der Geburt mit witzigen Kommentaren versehen, wir erzählen unseren Freundinnen und Familien mit krasser Ehrlichkeit und Gelächter, wie uns niemand beigestanden hat und wir nicht wussten, was zu tun war, wie die Fruchtblase in der Öffentlichkeit platzte, und wie der Ehemann wegen all dem Blut im Kreißsaal fast in Ohnmacht gefallen ist. Wir verdecken unsere Schmerzen, unser Leiden und unseren Kummer mit Humor und Unbeschwertheit – und verwandeln diese intime, sehr sensible Erfahrung in eine witzige Story für das Entertainment bei einer Party.

Jede nachfolgende Geburt ist eine neue Chance, Dich selbst zu beweisen. Eine Chance zu zeigen, dass es letztes Mal wirklich kein Anfängerglück war – Du kannst es einfach wirklich – oder zu zeigen, dass Dir diesmal am Ende doch ein Schnippchen geschlagen wurde.

Wenn nicht, nun, dann bleibt hoffentlich wenigstens eine lustige Geschichte übrig.

Egal, wie die Geburt verläuft: Alle Frauen sind sich einig, dass Geburten sehr anstrengend sind. Sie sind unberechenbar. Sie sind voller Schmerzen. Die Folgen des Sündenfalls, die Eva trafen, sind quicklebendig und ruhen auf allen Frauen, die über diese Erde gehen. Es ist etwas, was sie alle miteinander verbindet.

Er bringt die Wahrheit über den Zustand der Menschen ans Licht: Wir sind hilflos und brauchen einen Retter. Es ist wichtig, sich gut auf die Geburt vorzubereiten und sich darüber zu informieren, um bestmöglich für unseren Körper und unser Baby sorgen zu können, aber wir sind weder Göttinnen, die unbegrenzte Kontrolle über ihr Leben haben, noch sind wir immun gegen die Schmerzen und Leiden einer Geburt, die nicht nach Plan verläuft.

Darum müssen wir unsere Geburtspläne und -geschichten (egal, wie sie am Ende ausgehen) nehmen und sie zum Kreuz bringen. Wir müssen darauf vertrauen, dass unsere Hoffnungen und Träume für eine perfekte Geburt zu einem größeren Plan und zu einer größeren Geschichte gehören, in der nicht nur alles Gebären, sondern die gesamte Schöpfung erlöst werden.

Die Botschaft des Evangeliums

SCHÖPFUNG: Seid fruchtbar und mehrt euch!

»Seid fruchtbar und mehrt euch und füllt die Erde …!« (1Mo 1,28) Das war Gottes Auftrag für Adam und Eva im Paradies, gleich nachdem er sie erschaffen hatte. Da hat er sie gesegnet und ihnen Anweisungen zum Leben gegeben, zu denen auch das Kindergebären gehörte. Ohne den Sündenfall wären Wehen und Entbindung nicht von Schmerzen und Schwachheit gekennzeichnet, wie wir es heute erleben. Geburtsgeschichten hätten bei einer Babyparty lauter freudige Bewunderung hervorgerufen. Auch wären sie viel wünschenswerter als die perfekteste Geburtserfahrung in unserer Zeit.

»Ich werde die Mühsal deiner Schwangerschaft sehr mehren, und mit Schmerzen sollst du Kinder gebären« (1Mo 3,16). Als Adam und Eva Gott ungehorsam wurden und von dem verbotenen Baum im Paradies gegessen hatten, hatte das für Mann und Frau jeweils unterschiedliche schmerzhafte Folgen. Die Strafe Gottes für Eva betraf unter anderem die Geburtserfahrung. Seitdem bedeutet »seid fruchtbar und mehrt euch« nicht nur die große Freude, Kinder zu haben. Heute ist dieser Satz mit heftigen Schmerzen, Mühen und Leiden verbunden.

Seit Jahrhunderten haben die Frauen die Folgen des Sündenfalls zu spüren bekommen, wenn es an das Kindergebären geht. An Orten ohne moderne medizinische Versorgung ist die Geburt eines Kindes immer noch eine führende Todesursache für Frauen. Selbst heute – trotz seltener Gerüchte einer medikament- und schmerzfreien Geburt – sind Entbindungen normalerweise noch mit intensiven Schmerzen, großer Schwachheit und einem deutlichen Bewusstsein unseres Unvermögens verbunden. Noch immer kommen wir mit Nähten, Narben, Blutergüssen und Wunden aus dem Kreißsaal. Viele von uns können es gar nicht fassen, wie sich ihre Geburtserlebnisse entwickelt haben. Denn in den allertraurigsten Geburtsgeschichten hindert die Folge der Sünde die Frauen daran, ihr Baby überhaupt zu Gesicht zu bekommen. Andere dürfen sie nur für kurze Augenblicke haben. Und traurigerweise bekommen einige Frauen niemals die Gelegenheit, Schwangerschaft und Entbindung zu erleben.

Nach dem Sündenfall ist der gesamte Weg des Mutterseins durchwoben von Angst, Mühe und Aufopferung. Der Schmerz des Kindergebärens beginnt mit dem Tag der Empfängnis und setzt sich nicht nur bis zur Geburt fort, sondern geht darüber hinaus durch die Kleinkindzeit, die Schule, die Ausbildung und solange sie leben. Wir haben nicht nur körperliche Schmerzen und Kummer, sondern auch ein widerspenstiges Herz, das beständig Kontrolle, Stabilität und Sicherheit in allem sucht, außer in Gott. Besonders wenn es ums Kinderkriegen geht, versuchen wir, dem Fluch über unseren physischen Körper zu entfliehen, ohne an die Notwendigkeit zu denken, dem weitaus größeren Fluch über unsere Seelen zu entkommen. Wir hoffen, von unseren Geburtserfahrungen gerettet zu werden, anstatt auf den wahren Retter zu vertrauen.

ERLÖSUNG: Befreiung von Entbindung

Aber bemerkenswerterweise sandte Gott den Retter auf genau dieselbe Weise, mit der wir verflucht wurden, um uns schließlich zu erlösen. Ein junges, einsames und verachtetes Mädchen, das bis zum Tag der Geburt nicht wusste, wo und wie sie ihr Baby bekommen würde, brachte schließlich vor den verschlossenen Türen der Leute von Bethlehem unseren Erretter zur Welt. Da gab es keine Gynäkologiestation, keinen Whirlpool und keine Aromatherapie, und es ist sehr zu bezweifeln, dass Joseph etwas von Gegendruck-Übungen verstand. Aber Gott wählte eine kleine Stadt in Israel, um fortzufahren, seine große Geschichte zu schreiben, indem er seinen Sohn als Baby sandte, der am Ende die volle Wucht des Fluches der Sünde am Kreuz für uns ertragen sollte, wodurch all unsere Schande, all unser Leiden und jedes Trauma durch Hoffnung, Frieden und Gnade ausgetauscht wurden.

Weil Christus unsere Hoffnung ist, müssen wir nicht auf einen perfekt ausgearbeiteten Geburtsplan vertrauen. Wir vertrauen auch nicht unserem Körper, er würde schon »schaffen, wozu er gemacht wurde«, und wir finden unsere Identität auch nicht darin, wie nah wir an das wünschenswerte Geburtserlebnis herangekommen sind. Wegen des Opfers Christi setzen wir unsere Hoffnung allein auf Gott. Er ist der Schöpfer des Lebens, und er allein kann uns Freiheit schenken, egal, ob wir ein Baby zur Welt bringen, oder ob wir uns von einer Geburt erholen müssen, die nicht nach unseren Wünschen verlief.

In unseren Tagen der modernen Medizin finden sich Gottes Gnadenerweise in Hülle und Fülle: Krankenhäuser und Ärzte, Geburtsbegleiterinnen und Gymnastikbälle, Heizungen und Klimaanlagen, Ultraschallgeräte, PDAs und notwendige medizinische Eingriffe … die Liste ließe sich beliebig verlängern. Das alles musste Gott uns nicht geben, aber er hat es uns aus Liebe trotzdem geschenkt.

VOLLENDUNG: Das Ende alles Seufzens

Wenn unser Erlöser für immer wiederkommt, werden wir keinen Geburtsschmerz mehr erleiden müssen. An jenem Tag werden die Folgen der Sünde für immer aufgehoben sein. Alle Wunden werden vollständig verheilt sein, Tote werden sich zum Leben erheben, und wir werden mit unserem Schöpfer vereint sein. Heute spiegelt unser sichtbares Seufzen nach Erlösung von schmerzhafter Entbindung die Sehnsucht unserer Herzen nach der endgültigen Erlösung wider, die mit der Wiederkunft unseres Erlösers kommen wird (vgl. Röm 8,22-24). Inmitten unseres Verlangens nach Kontrolle über unseren Geburtsplan, die Komplikationen bei der Geburt und der Entbindung und über die stolzen oder enttäuschten Gefühle können wir Hoffnung schöpfen in dem Wissen, dass die Erfahrungen unseres Kindergebärens nicht Gottes letztes Wort über uns sind.

Hoffnung gibt es nur in der Evangeliumsgeschichte

Vielleicht hast Du noch überhaupt keine Erfahrungen mit Wehen und Entbindungen gemacht, oder aber Du hast schon eine Reihe von Geburten hinter Dir, die alle ihre eigene Geschichte hatten und jeweils zu anderen Ergebnissen führten. Das spielt keine Rolle, denn ich glaube, dass viele von uns eine natürliche Vorstellung davon haben, wie eine Geburt ablaufen sollte. Ob Du nun ins Krankenhaus fährst und sofort um eine PDA bittest, sobald Du das Krankenhaushemd anziehst, oder ob Du Dir eine Hausgeburt wünschst, mit allen Einzelheiten, die für eine möglichst natürliche Geburt nötig sind – in jedem Fall ist es selbstverständlich, sich vorzubereiten und einen Plan für ein so großes Ereignis in Deinem Leben zu haben.

Natürlich ist es weise, sich zu informieren und den Prozess der Geburt und unsere medizinischen Möglichkeiten genau zu kennen. Aber darauf vorbereitet zu sein, gute Entscheidungen treffen zu können, ist etwas ganz anderes als das Verlangen, jeden Augenblick unter Kontrolle zu haben – und dann am Boden zerstört zu sein, wenn das nicht klappt. Während der Vorbereitung auf die Geburt meines ersten Kindes fürchtete ich mich vor dem Unbekannten und war stolz auf meine eigenen Fähigkeiten. Im Grunde vertraute ich nicht auf Gott, dass er für mich sorgt. Ich betete Selbstbeherrschung und weltliche Perfektion an – mehr das Geschöpf als den Schöpfer (vgl. Röm 1,25). Wenn man sich so verhält wie ich, kommt man schnell bei einem von zwei Orten an: Stolz oder Verzweiflung. Bei Stolz und Verehrung Deiner eigenen Fähigkeiten, wenn die Geburt genau nach Deinem Plan verläuft – bei Verzweiflung, wenn alles schiefgeht.

Die Geburt eines Kindes ist für die Mutter ein persönliches und intimes Bild des Evangeliums.[8] Unsere Reaktion auf unsere Geburtsgeschichten offenbart die Notwendigkeit der Erlösung von einer wahreren, tieferen Not: unserem schwachen und sündigen Ich. Gott benutzt das Kindergebären zu unserer Heiligung, weil es hautnah und schmerzlich aufzeigt, wie schwach wir in Wirklichkeit sind (vgl. Röm 8,22-23). Uns wird dadurch deutlich, dass wir nicht alles im Griff haben und auch nicht unabhängig sind. Wir sind in der Tat keine Göttinnen.

---

8 Ich verdanke vieles über das Verstehen, inwiefern eine Geburt das Evangelium widerspiegelt, den Büchern Gloria Furmans. *Treasuring Christ When Your Hands Are Full* und *Missional Motherhood* sind zwei großartige Lektüren über das Muttersein.

Der Verlauf einer Geburt ist unvorhersehbar, aber Gott ist es nicht. Vor den Anfängen der Schöpfung plante Gott schon eine vollkommene Erlösungsgeschichte für sein Volk. Die hat er treu während der Jahrtausende ausgeführt, und alles ist fehlerlos nach seinem Plan verlaufen. Wir leben in dieser Geschichte – zwar noch mit Sünden, Nöten, Schwachheiten und Unvollkommenheiten – aber wir können auf einen fehlerlosen Gott vertrauen. Er verspricht, seinen Plan zur Vollendung zu bringen und uns schließlich von unseren Sünden zu erlösen, indem er uns für ewig mit sich selbst vereint.

Weil wir das wissen, setzen wir unsere Hoffnung nicht auf eine perfekte Geburt, sondern finden sie in unserem perfekten Erretter. Jesus Christus vertraute Gottes Plan in seiner tiefsten, dunkelsten Not und als er am allerschwächsten und zerbrechlichsten war, und das sogar bis zum Tod.

Gott allein schreibt die vollkommene Geschichte

Wenn Du Geburtsvorbereitungen triffst oder über die letzte Geburt nachdenkst, dann erinnere Dich daran, dass Gott der Geber des Lebens ist. Er allein schreibt die einzig vollkommene Geschichte. In unseren Geburtserfahrungen gebührt Gott allein aller Dank. Inmitten der Beschlüsse, Entscheidungen, Misserfolge und Erfolge bleibt uns in unserem treuen Gott ein beständiges, nie wankendes Fundament und eine größere und vollkommenere Geschichte für unser Leben erhalten. Er überlässt uns nie uns selbst, sondern kommt uns immer zur Hilfe. Es ist Gnade, dass die Schwachheit während der Wehen und der Entbindung die von uns errichteten Mauern niederreißt und uns mehr von dem gibt, was wir wirklich brauchen: Gott selbst.

Lasst uns bei den Geburten so planen und vorgehen, dass Gott verherrlicht wird, und nicht wir selbst. Vertraue bei allem, was dazu gehört, auf Gott und danke ihm für alles, was er getan hat und noch tun wird. Und wenn Du schwanger bist, betrachte Dein neues Leben in Christus und sei dankbar, dass Du ein Teil seiner größeren und besseren – und ganz vollkommenen – Geschichte bist.

DISKUSSIONSFRAGEN:

1. Wenn Du über eine anstehende Entbindung nachdenkst und sie vorbereitest, welche Erwartungen hast Du dann? Sind einige davon vielleicht angesichts des Sündenfalls zu idealistisch?

2. Auf welche Weise reflektiert der Entbindungsprozess Deine größeren inneren Nöte und Schwächen? Inwieweit bietet Dir das Evangelium Hoffnung?

3. Welche Gnaden kannst Du in Deinen Wehen und in der Entbindung entdecken, und wie kann Dich das zur Anbetung bringen?

9

DAS EVANGELIUM UND UNSERE »AFTER-BABY-FIGUR«

Emily

Bevor ich bei Instagram auf »Teilen« tippte, zögerte ich. Kaum zwei Wochen nach der Geburt unseres fünften Kindes war ich mir meiner nachgeburtlichen Figur durchaus bewusst. Die paar fröhlichen Bilder, die ich bei der Geburtstagsfeier meines Zweijährigen gemacht hatte, passten nicht zu meinen Erwartungen. Anstatt einer munter aussehenden jungen Mutter erblickte ich eine Frau, die schwerer und müder aussah, als mir lieb war.

Sechs Jahre und vier Schwangerschaften lang war ich immer stolz gewesen, schnell wieder Gewicht verloren zu haben, war aber auch neidisch, wenn meine Freundinnen rascher abnahmen als ich, und schämte mich, dass ich meinen Bauch nicht zwingen konnte, wieder flach zu werden. Mit all diesem Gepäck im Schlepptau überlegte ich nun, diese schönen Augenblicke der Geburtstagsfeier für mich zu behalten. Der Teil meines Herzens, der meine eigene Ehre suchte, hatte Angst, dass das Foto offenbarte, welchen Zoll das Kinderkriegen von mir gefordert hatte und laut verkündigen würde, wie gewöhnlich und sehr menschlich ich tatsächlich bin. Und noch viel unangenehmer für mein sündiges Herz war der Gedanke, dass diese Bilder mein Ideal von äußerer Schönheit zunichtemachten, das ich immer gerne für mich in Anspruch nahm.

Während diese Sorgen mein Herz bestürmten, wurde die Stimme der Wahrheit immer lauter. Ich beriet mich mit ihr und besann mich auf die Aussage des Evangeliums. Ich machte mir wieder klar, dass Gott nicht von mir verlangte, so auszusehen, als hätte ich nie ein Baby gehabt, dass auch mein Wert nicht an der Größe meiner Jeans gemessen wird und dass ich mich nicht dadurch zu definieren brauchte, was andere von mir denken. Aus Gnade und Glauben bin ich völlig gerechtfertigt vor dem Thron Gottes. Ich erinnerte mich, dass es in diesem Leben sowieso nicht um mich geht, also bin ich frei, so auszusehen, wie ich aussehe und muss mich weder von Stolz noch von Verzweiflung auffressen lassen.

Das im Bewusstsein, entschied ich mich also, auf »Teilen« zu drücken. Dieses Mal war ich entschlossen, nicht wegen meiner postpartum Figur zu verzweifeln. Ich wollte der guten Botschaft von meiner Stellung in Christus glauben und diesen Lebensabschnitt genießen. War das nun für mich das Ende meiner inneren Kämpfe? Höchstwahrscheinlich nicht. Aber mir gefallen die Tage, an denen die Lüge von der Wahrheit verdrängt wird.

Die Botschaft des Zeitgeistes: Beseitige alle Beweise des Mutterseins!

Das verkehrte und gefährliche Denken, von dem ich hier berichtete, ist kein Einzelfall. Man sieht es oft in der uns umgebenden Kultur. In einer Zeit der Star- und Supermodel-Mamas hat man den Eindruck, sich als gewöhnliche alte Mutter schämen zu müssen. Altern und Gewichtszunahme sind irgendwie tabu und sollten mit Seren, persönlichen Trainern und speziellen Diäten bekämpft werden, damit Du bald besser aussehen kannst als mit 21. Es ist nicht nur unangenehm, postpartum auszusehen, sondern es ist eine große Ehre, auszusehen, als hätte man niemals ein Baby gehabt. Ein Klatsch-Blog prahlt mit der Überschrift: »Schlanker als vor dem Baby!« und zeigt dazu das Bild eines Promis auf dem roten Teppich wenige Monate nach der Entbindung. Die normale Mutter wundert sich: »Wie ist das möglich? Was stimmt mit meinem Körper nicht?«

Dieses Thema ist nicht nur »da draußen«, sondern auch in unserer näheren Umgebung. In Krabbelgruppen beklagen sich Mütter schon acht Wochen nach der Geburt über ihre »After-Baby-Figur« (obwohl sie das *winzigste* Bäuchlein haben). Das macht uns unruhig und neidisch. Wir fragen sie nach ihrem Geheimnis und überlegen uns, ob vielleicht Stillen oder neue Bauch-Beine-Po-Leggins der Schlüssel sind. Zu Hause piksen unsere Kinder in unseren Bauch und fragen, wann wir das nächste Baby bekommen, während das Neugeborene im Nebenzimmer schläft. Wir können den mentalen Fragen über unseren Körper nicht entfliehen. Das macht uns sogar im Schlafzimmer bei unserem Ehemann Sorgen: »Mach das Licht aus, Schatz!«

Zusätzlich wandert der Fokus des Zeitgeistes allmählich weg von den Zahlen auf der Waage und hin zu der Verherrlichung eines gesunden Lebensstils. Das führt leicht zu der Annahme, dass Frauen, die nach dem Baby kein Fitness-Training aufgenommen haben, um definiertere Muskeln und eine schlankere Figur zu bekommen, weder sich selbst noch ihre Kinder wertschätzen. All diese Botschaften kommen mit der Überschrift daher: »Es gibt keine Entschuldigungen! Jede Mutter könnte das tun!«

Als Verwalter eines Körpers, der geschaffen wurde, um dem Herrn zu dienen, sollten wir ganz bestimmt auf unsere Gesundheit achten. Aber manchmal ruft der Zeitgeist laut: »Schäm dich, Mama! Nicht nur bist du selbst völlig außer Form – du kümmerst dich auch offensichtlich nicht darum, deinem Kind einen gesunden Lebensstil vorzuleben!« Jede durchschnittliche Mutter (eine biologische, oder eine Pflege- oder Adoptivmutter, was ebenso Opfer fordert), die nicht sofort wieder gesund ist und ihr Vor-Baby-Gewicht erreicht, muss sich dann wie eine große Versagerin vorkommen – selbst, wenn sie treu ihre Familie versorgt, aktiv bleibt und ihr Gemüse isst.

Die Botschaft des Evangeliums

SCHÖPFUNG: Erschaffen, um Leben auszutragen

Lasst uns kurz einen Schritt zurückgehen, weil Gottes ursprüngliche Pläne uns verstehen helfen, was er wirklich über die Fähigkeit der Frau, Kinder in die Welt zu setzen, denkt und welche Rolle ihr Körper dabei spielt.

Gott schuf Adam und Eva im Paradies nach seinem Gleichnis und ohne den geringsten Fehler (vgl. 1Mo 1,26-27). Obwohl Evas Körper wunderschön gestaltet war, sollte ihre Identität nicht an ihrer äußeren Erscheinung festgemacht werden. Neben der Absicht Gottes, Adam durch ihre Schönheit zu erfreuen, war sie perfekt dafür geschaffen, Gottes Auftrag zu erfüllen, nämlich fruchtbar zu sein, sich zu vermehren und sich die Erde untertan zu machen. Kindern Leben zu geben war Teil von Gottes ursprünglichem gutem Plan (vgl. 1Mo 1,28).

SÜNDENFALL: Von den Folgen der Rebellion verunstaltet

Leider werden wir nie dazu kommen, die wunderbare Gabe eines vollkommen funktionierenden gebärfähigen Körpers zu erleben. Stattdessen trat die Sünde auf die Bühne, als Eva an Gottes Güte zweifelte und im Paradies gegen seinen deutlichen Befehl ungehorsam wurde. Diese Sünde führte zu äußerst unangenehmen Veränderungen. Von da an sollten Frauen unter Fehlgeburten, Unfruchtbarkeit, Müttersterblichkeit, Schwangerschaftsstreifen, Unter- und Übergewicht, Krampfadern, chronischen Rücken- und Beckenschmerzen, schmerzenden Mutterbändern, verfärbter Haut, dunklen Augenringen, Falten und anderen Dingen leiden.

Leben zu gebären sollte sich von da an nicht mehr ausschließlich beglückend anfühlen, sondern mit Schmerzen und Mühsal verbunden sein. Es sollte teuer werden und Leiden erfordern.

Egal, ob eine Frau selbst ein Kind bekommt oder ein Pflege- oder Adoptivkind aufzieht – ihr Körper bezahlt den Preis dafür. Ihre Zeit wird eingeschränkt, ihr Schlaf wird vermindert, ihr Denken wird mit den Nöten anderer ausgefüllt. Ihre frei verfügbare Zeit wird weniger, weil sie sich erst darum sorgen muss, was ihre Kinder essen, ehe sie an sich selbst denken kann. Aber statt die Einschränkungen einer Mutter und Gottes gute Absichten darin anzuerkennen, halten wir oft die Verehrung der äußeren Erscheinung aufrecht. Anstatt uns nach einem Wort über Gottes Wirken an unserem Charakter und unserer Treue zu sehnen, lechzen wir danach, dass die Leute sagen: »Du siehst aus, als hättest du gar kein Baby bekommen!« Wir möchten die Mutter sein, die nichts aufgeben musste, um Leben zu ermöglichen. Wir wollen, dass es uns nichts kostet.

ERLÖSUNG: Identifiziert mit einer Person, nicht mit einem Körpertyp

Aber Leben zu geben hat seinen Preis. Gott wusste um die Tiefe unserer Neigung zur Selbstverehrung. Darum schuf er einen Weg für unsere Erlösung. Dazu war mehr nötig als nur ein bisschen »Sünden-Concealer« draufzuschmieren oder unsere etwas mitgenommenen postpartum Körper wieder in Ordnung zu bringen – nein, dazu musste er seinen Sohn senden, der den höchsten Preis für unser ewiges Leben bezahlte. Dadurch stellte er uns für seine Absichten geistlich wieder her.

Jesus versteht wirklich, was es heißt, voller Narben, überdehnt und entstellt zu sein – ja, sogar sein Blut zu vergießen, um anderen Leben zu geben (vgl. Jes 52,14; 53,5). Und nachdem er auferstanden war, zeigte er vielen seine Narben als Zeugnis von Gottes Werk durch seinen Gehorsam. Wenn wir darauf vertrauen, dass er unsertwegen gestorben ist, glauben wir, dass wir diesen Tod mit ihm starben, um nun im Heiligen Geist ein neues Leben zu führen (vgl. Röm 6,4). Das bedeutet, dass wir in diesem Leben nicht das Ziel einer bestimmten äußerlichen Erscheinung verfolgen, sondern der Person folgen, die uns innig liebt und uns unermesslichen und unveränderlichen Wert verleiht. Das Einzige, was uns wirklich glücklich machen wird, ist keine kleinere Jeansgröße und kein Six-Pack nach dem Baby, sondern Christus selbst.

Heißt das, wir brauchen uns nicht darum zu kümmern, was mit unserem Körper passiert? Dürfen wir ihn vernachlässigen und tun, was uns gefällt, weil er sowieso nichts zählt? Keineswegs! Wir wurden durch ein kostbares Opfer erkauft, und genau die Narben, die Christus an seinem Leib trägt, erinnern uns daran, dass wir nicht uns selbst gehören, sondern ein Zeugnis zur Ehre Gottes sein sollen. »Denn wir sind sein Werk, geschaffen in Christus Jesus zu guten Werken« (Eph 2,10). Selbst unsere leiblichen Narben dank unserer Mutterschaft sind ein Schatten von Gottes kostbarer Gnade.

VOLLENDUNG: Unser Körper und biblische Haushalterschaft

In diesem Leben sollten wir alle Gott mit unseren Körpern auf unterschiedliche Weise verherrlichen, aber unabhängig davon dürfen wir die zeitliche Natur unserer physischen Erscheinung nicht aus den Augen verlieren. Am Ende ist der Körper, auf den wir hoffen, einer, der mit Christus aufersteht, wenn er wiederkommt und wir ihm gleich sein werden (vgl. Phil 3,20-21). Wir müssen heute keinen perfekten Körper haben. Wir wissen, dass diese Zeit nur kurz ist, und dass wir in der Ewigkeit einen völlig wiederhergestellten Körper haben werden.

LEBEN ZU GEBEN HAT SEINEN PREIS

Gott schämt sich unseres nachgeburtlichen Körpers nicht

Genauso wie ich mir selbst die Wahrheit vorhalten musste, bevor ich meine neuste After-Baby-Figur bei Instagram postete, ist es allgemein wichtig, sich diesen Satz vor Augen zu halten: »Gott schämt sich unseres nachgeburtlichen Körpers nicht«.

Woher ich das weiß? Nun, erstens verbringt er in der Bibel nicht viel Zeit damit, uns mitzuteilen, wie unsere äußere Erscheinung auszusehen hat. Stattdessen geht es der Bibel vor allem darum, uns einzuprägen, wie wichtig Herzenshaltungen und Beweggründe sind. Während wir damit beschäftigt sind, zu beurteilen, wer anhand ihrer postpartum Figur eine bessere Mutter ist, und wer anhand ihrer äußeren Erscheinung die elegantere Frau ist, sieht Gott das Herz an. Ihm geht es um eine gänzlich andere Art von Schönheit.

Gott beschäftigt sich mit Dingen wie Faulheit, Gefräßigkeit, Götzendienst, Selbstsucht und Stolz. Gehen wir sorglos mit unserem Körper um? Benutzen wir ihn für unsere eigenen Zwecke, oder denken wir sorgfältig darüber nach, wie wir ihn am besten für Gottes Zwecke einsetzen können?

Gott kümmert sich auch um unseren Geist. Ist er friedevoll, ruhig und vertraut er auf Gott? Ist er auf die Ewigkeit ausgerichtet oder verbringt er viel Zeit damit, sich wegen vorübergehender Vorteile von körperlicher Schönheit zu stressen? Versuchen wir »body positive« zu sein, ohne an den Ursprung unseres Wertes zu denken, als wir unsere Leiber Christus unterwarfen?

Wir können uns heute in Anbetung an Gott wenden mit dem richtigen Wunsch, gesund zu leben, wobei es uns um ihn, und nicht um uns selbst geht. Anstatt uns für unser Mama-Bäuchlein zu schämen oder andererseits auf die Fähigkeit stolz zu sein, uns einen Körper anzutrainieren, der nach dem Baby besser aussieht als vorher, sollten wir unser komplettes Leben Gott unterordnen! Er kann uns daran erinnern, wie sinnvoll Sportübungen und bestimmte Ernährungsumstellungen und so weiter sind. Oder er bringt uns dazu, uns auszuruhen, statt wieder ins Fitnessstudio zu gehen (wodurch allerdings die Frühlingsröllchen nicht verschwinden, wir aber wahrscheinlich besser drauf sind, wenn unsere Kinder wach werden).

Lasst uns vor allem daran denken, dass der Missionsbefehl am Ende des Matthäusevangeliums nicht lautet hinauszugehen und zu predigen: »Mütter, ihr braucht nicht auszusehen, als hättet ihr ein Baby bekommen. Ihr könnt euer Leben in den Griff bekommen und die Folgen der Schwangerschaft verschwinden lassen!« Stattdessen sind wir berufen, unsere vermeintlichen Rechte hinzugeben und uns allein in Christus zu rühmen, der die Macht hat, denen ewige Freude zu bringen, die noch in der Welt verloren sind.

Wendet die Blickrichtung!

Trotz allem ist es normal, wenn man immer noch nicht wirklich versteht, dass Gott diesen Kummer mit unserer postpartum Körperwahrnehmung zulässt. Denn auch mit unseren besten Absichten sind wir immer noch eingeschränkt. Eingeschränkt durch die weitreichenden Effekte des Sündenfalls auf unseren nachgeburtlichen Körper und andere Umstände: Schlafmangel, volle Tagespläne, Menschen mit dringenden Nöten, Hormone, Geburtsverletzungen, beschränkte finanzielle Möglichkeiten, fehlende Hilfe und vieles mehr hält uns davon ab, alles Nötige für einen Körper in Top-Form zu tun.

Unsere geistige Haltung kann eine wunderbare Zufriedenheit in Situationen zeigen, in denen Sport, Antifaltencreme, teure Under-Eye-Concealer und spezielle Diätprogramme keine vernünftige Option darstellen. Wir können wahre Schönheit offenbaren, wenn die Menschen sehen, dass es uns in erster Linie darum geht, im Namen Jesu andere zu lieben, anstatt uns über unseren Hüftspeck aufzuregen.

Trotzdem sind wir immer noch an die Realitäten unseres menschlichen Körpers gebunden. Gott hat uns nicht so geschaffen, nur von Donuts, frittiertem Hähnchen und Milchshakes zu leben. Höchstwahrscheinlich können wir uns auch nicht längerfristig dem Nichtstun hingeben, ohne nachher die Folgen zu tragen. Die durch Sport ausgelösten Endorphine helfen uns tatsächlich, uns mental und emotional von den Strapazen der Geburt zu erholen. Gesundheit ist eine gute Gabe Gottes, und wir sollten darin investieren, was wir können.

In beiden Fällen versuchen wir manchmal aus Stolz, die uns als Menschen gesetzten Grenzen zu überschreiten.[9] Das Gegenmittel für den Stolz ist nicht, noch stärker zu versuchen, perfekt zu sein, sondern den zu erfassen, der allein diesem Anspruch gerecht wird. Unsere Beschränkungen weisen uns auf unser Bedürfnis nach einem Retter hin. Egal, auf welche Weise Gott unsere Herzen formen will, wenn wir nach dem Baby um unsere Figur kämpfen: Es geht immer darum, Gott anzubeten und an seiner großen Geschichte teilzuhaben (und nicht darum, der Star unserer eigenen Geschichte zu sein).

Wo bleiben Deine Augen hängen, liebe Mutter? Auf Deiner schlecht sitzenden Jogginghose? Auf dem schlankeren Bauch Deiner Freundin? Auf Deinem Instagram-Feed? Auf dem neuen Top, von dem Du hoffst, dass es endlich Deinen nachgeburtlichen Bauch verdeckt? Auf Deiner Hoffnung, es diese Woche jeden Tag ins Fitnessstudio zu schaffen?

Oder ruhen Deine Augen auf Gottes Treue in Christus Dir gegenüber und auf Deiner Teilhabe an der wunderbaren Berufung, aus den Menschen in Deiner Umgebung Jünger zu machen, besonders aus Deinen Kindern? Richte Deinen Blick auf Jesus.

---

9 Hanna Anderson hat in ihrem Buch *Humble Roots* (Chicago, IL: Moody, 2016) wertvolle Arbeit geleistet, indem sie über Demut in unseren Begrenzungen schreibt und meine Gedanken stark beeinflusste.

Davon gehen Deine Speckröllchen vielleicht nicht weg, wohl aber Deine Voreingenommenheit mit Dir selbst.

DISKUSSIONSFRAGEN:

1. Wie hast Du mit Deiner Körperwahrnehmung nach der Geburt gekämpft? Beansprucht es einen Großteil Deiner Gedanken und Deines Handelns? Warum oder warum nicht?

2. Wofür solltest Du nach Gottes Willen Deine Zeit nutzen? Inwieweit verändern Gottes Werte die Art und Weise, wie Du Deinen Körper siehst?

3. Wenn Du Deine Zeit, Möglichkeiten und Begrenzungen in Betracht ziehst, wie willst Du dann verantwortlich mit Deinem Körper umgehen?

10

DAS EVANGELIUM UND UNSERE ERNÄHRUNG

Laura

Jeden Morgen gibt es das Gleiche: Haferflocken und Erdnussbutter werden (mit ein paar Rosinen für ein bisschen mehr Geschmack) in bunten Schüsseln auf der Kücheninsel serviert. Schon seit einiger Zeit bin ich ein Fan dieser schlichten Routine. Es füllt die Mägen mindestens bis 10 Uhr, und ich muss nicht schon beim Aufwachen mit den kleinsten unterschiedlichen Vorlieben fertigwerden. (Ein dreifaches Hoch für die kleinsten Mutter-Siege.)

Aber es gab eine Zeit, in der das Frühstück nicht so einfach war.

Mein Ältester war gerade mal ein Jahr alt, als ich begann, festes Essen einzuführen. Das vertraute Erdnussbutterglas mit dem roten Deckel stand in unserem Küchenschrank und ich fand, wenn der Aufstrich gut genug für meinen Mann und mich war, dass er auch gut genug für unseren prachtvollen kleinen Kerl in seinem Hochstuhl war. Doch als ich bei einer Facebook-Gruppe gesehen hatte, dass diese Entscheidung für fragwürdig gehalten wurde, erschien mir plötzlich mein unverdächtiges treues Grundnahrungsmittel eine gefährliche Wahl zu sein, die genau überlegt werden musste, wenn ich als qualifizierte, fürsorgliche und bedachte Mutter gelten wollte.

Die Mütter sprachen online über die Gefahren des raffinierten Zuckers, der künstlichen Süßstoffe, Farbzusätze und Emulgatoren. Kurz gesagt wurde mit manchen großen Wörtern herumgeworfen, die ich noch nie mit meinem geliebten Brotaufstrich in Verbindung gebracht hatte. Außerdem mussten die neusten Untersuchungen darüber diskutiert werden, wann und wie man seinem Baby Erdnussbutter geben sollte, wenn man Allergien vermeiden wollte: mit einem Jahr oder so früh wie möglich, zusammen mit dem Kinderarzt oder sofort aus dem Glas, vermengt mit Wasser zum Brei verrührt oder nur mit Bio-Erdnüssen zu Hause selbstgemacht. Die durch den virtuellen Raum geworfenen Meinungen und Untersuchungsergebnisse flogen schneller umher, als ich lesen konnte. Wieder fühlte ich den bekannten Stich des schlechten Gewissens in meiner Mutterbrust, als ich in die klebrige Welt von Erdnussbutter und Kindern sank.

Dieses mit Nahrung verbundene Schuldgefühl ist ein vertrauter Feind, seit ich Mutter bin. Es kam auf, als ich versuchte, das Babymilchpulver bei einem Treffen mit Müttern zu verstecken. Oder als ich ohne nachzudenken Ziegenkäse aß, obwohl ich schwanger war. Oder als mir klar wurde, dass ich dem Kind einer Freundin normale Schokoladenkekse gegeben hatte, obwohl die Mutter ihr Kind vorzugsweise glutenfrei ernährt. Und bei den unzähligen Malen, die ich Fertigfood gemacht habe, wenn mein Mann bis in die Nacht hinein arbeiten musste.

In mir hörte ich die Stimme: *Hast du den Kindern heute ausreichend Gemüse gegeben? Waren die Snacks zu nahe an der Abendbrotszeit? Hättest du diese Erdbeeren nicht lieber in Essigwasser waschen sollen, weil sie keine Biofrüchte sind? Es ist vielleicht nervig, aber die einzige Erdnussbutter, die du kaufen solltest, ist die, die man erst umrühren muss.* Die Möglichkeiten, sich wegen der Ernährung ein schlechtes Gewissen zu machen, sind endlos, und der ganze Druck in Bezug auf die richtige Nahrung kommt direkt von der Gesellschaft.

Die Botschaft des Zeitgeistes: Super-Ernährung – Super-Menschen

Heutzutage wird uns erzählt, wir könnten mit der richtigen Ernährung so ziemlich alles erreichen. Du willst den Mama-Bauch loswerden? Dafür gibt es eine Diät. Du willst, dass Dein Kind sich nicht mehr so albern aufführt? Hier ist eine Liste von Dingen, die Du ihm nicht mehr zu essen geben solltest. Will Dein Haar nach der Schwangerschaft einfach nicht mehr wachsen? Füge dieses Pulver zu Deinem morgendlichen Smoothie hinzu. Willst Du die trockene Haut Deines Kindes bekämpfen? Versuche es mit diesem Speiseöl mehrmals am Tag.

Wenn Du die Kinder mit den richtigen Nahrungsmitteln fütterst, die auf die richtige Weise angebaut und mit den richtigen Methoden zubereitet wurden, machst Du es richtig. Essen ist Treibstoff. Ernährung ist ein Lebensstil. Ernährung ist Anerkennung. Nahrung ist der ultimative Heiler. Essen ist Macht und Status.

Natürlich können zucker- und glutenfreie, vegetarische und andere Ernährungsstile legitime Hilfen bieten. Manchmal müssen wir und unsere Kinder gewisse Nahrung wegen milder oder auch lebensbedrohender Allergien oder aus Krankheitsgründen vermeiden. Das sollte stets berücksichtigt und behandelt werden. Aber in vielen Fällen stellen wir eine Menge unnötiger Regeln auf – nur wegen irgendwelcher Vorlieben oder einer Diät, die im Trend ist oder wegen der neusten viralen Artikel.

Der Druck beginnt an dem Tag, an dem eine Frau Mutter wird und vor der Frage steht, wie sie ihr Neugeborenes versorgen soll. Und der Druck nimmt zu, wenn ihr Kind heranwächst und sie die ersten richtigen Nahrungsmitteln einführt (Eiweiß? Passierte

Avocado? Mit Eisen angereicherte Haferflocken?) und mit wählerischen Kleinkindern, verrückten Tagesabläufen, Mahlzeiten für unterwegs, Pausenbroten, der Beteiligung am Buffet in der Kirche, Snack-Plänen für die Fußballmannschaft und schulischen Vorschriften für Geburtstagsmitbringsel zurechtkommen muss. Gute Mütter haben alles auf dem Schirm: Brust, Flasche, Gabeln und Löffel. All das bestimmt das Ausmaß ihrer Liebe, die Qualität ihrer Fürsorge und die Tiefe ihrer Hingabe an das Wohlbefinden ihres Kindes.

Wenn die Familie wächst und sich verändert, verändern sich auch die neusten Untersuchungen über die besten Diäten und Nahrungsmittel, die sie ihren Liebsten vorsetzen möchte. Mit den populären Ernährungstrends Schritt zu halten wird anstrengender als Krabbelkinder zu erziehen. Ganz abgesehen davon, wie schrecklich entmutigend das für eine Mutter ist, die nicht den Luxus von genügend Zeit und Geld hat, um übermäßig wählerisch bei dem zu sein, was auf den Tisch kommt.

Nahrung ist wichtig und spielt auch in der Evangeliumsgeschichte eine bedeutende Rolle (muss hier noch jemand an die Frucht im Paradies denken?), aber Gottes Botschaft in Sachen Nahrung und Ernährung unserer Familien unterscheidet sich von dem, was der Zeitgeist uns sagt. Sich um die richtige Ernährung zu kümmern ist nicht schlecht, aber Gott ist es viel wichtiger, womit wir unser Herz füllen, als womit wir unseren Magen füllen. Die Fähigkeit der Nahrung, unseren Körper zu ernähren und zu heilen ist nach dem Sündenfall beschränkt, aber Christus kann sowohl den Leib als auch den Geist bis in alle Ewigkeit völlig gesund machen.

SCHÖPFUNG: Essbares Paradies

Die erste Nahrung für den Mann und die Frau würde alle »100%-Bio«-Lebensmittel beschämen. Von Gott gepflanzte, lokal gewachsene Erzeugnisse füllten den Garten Eden. Alles war frei von Pestiziden, Chemikalien, Zusätzen, Kunstdüngern und Farbstoffen. Die Landwirtschaft im Paradies muss üppig, wunderschön und vollkommen lebenserhaltend gewesen sein. Adam und Eva hatten niemals Hunger, so etwas wie eine Erdnussallergie gab es dort nicht, und niemand musste sich wegen ungesunden Fetten Sorgen machen. Es war ein Paradies für Feinschmecker.

Gott erklärte alle Pflanzen, Tiere und die ganze Erde für »gut«, und seine Ebenbilder für »sehr gut« (1Mo 1,12.25.31). Abgesehen vom Baum der Erkenntnis des Guten und Bösen gab Gott Adam und Eva alle Samen, Pflanzen, Früchte und Bäume im Garten zur Speise. Von diesem endlosen Buffet von Kräutern, Früchten und Gemüsearten durften sie alles genießen – mit einer einzigen Ausnahme (vgl. 1Mo 1,29 und 2,16-17).

Aber es war diese eine Ausnahme, der sie nicht widerstehen konnten.

SÜNDENFALL: Die verbotene Frucht

Mit dem Biss in eine vollkommene, vor Ort gewachsene, chemiefreie und frisch geerntete Frucht wurde unsere Beziehung zu Gott zerstört. Doch dass Eva von der Frucht aß, war nur das äußere Zeichen von ihrem inneren Zweifel und von dem Verlangen, etwas zu probieren, was Gott nicht wollte. Mit einem Biss in das Verbotene brach mit einem Schlag die Welt der Nahrung und unsere Beziehung zu ihr zusammen.

Wo zuvor nur ein Baum untersagt war, gab Gott seinem Volk schließlich äußerst genaue Speisegesetze. Mit Verboten wie von Schweinefleisch und Schalentieren trennten die umfangreichen

Speisegesetze es von anderen Völkern (vgl. 3Mo 11,1-47). Es gab Gesetze darüber, was, wann und wie man essen sollte und wie es zubereitet werden musste.

Am Tag der ersten Sünde verfluchte Gott den Erdboden mit Dornen und Disteln (vgl. 1Mo 3,17-19). Jetzt seufzt die Erde unter dem Fluch. Bauern mühen und quälen sich, ausreichend Getreide und Vieh zu züchten, um die Weltbevölkerung zu ernähren, doch ihre Ernten erreichen einige der Bedürftigsten nie. Menschen wachen hungrig auf und gehen hungrig zu Bett. Kinder schreien nach Essen, das ihre Mutter ihnen nicht geben kann. Ganze Länder leiden an Unterernährung und Millionen verhungern jedes Jahr. Vieles von unserer Nahrung verdirbt und verrottet, Schädlinge und gefährliche Bakterien bedrohen sie. Außerdem kann das Essen durch Allergien, Süchte, Herzkrankheiten und Diabetes negative Auswirkungen auf unseren Körper haben.

Wir bekommen den Fluch auch in unseren Häusern zu spüren. Der Esstisch ist ein Schlachtfeld. Wir versuchen, unsere Kleinen zu »wenigstens drei Bissen« zu überreden. Wir kämpfen gegen unser eigenes Verlangen, zu viele Brownies zu essen, während wir uns in der Speisekammer verstecken, und treiben das unbarmherzige Spiel des Tauziehens mit der Entscheidung zwischen Stillen und Flaschennahrung. Es ist Kampf und Notwendigkeit – ein geschädigter Kreislauf des Essens.

Der Sündenfall zerstörte auch unsere Beziehungen zu anderen. Oft versäumen wir Gastfreundschaft und Gemeinschaft, weil wir Angst haben, nicht mit den neusten Ernährungstrends mithalten zu können, oder versehentlich etwas aufzutischen, was eine allergische Reaktion bei unseren Gästen auslösen könnte. Wir vermeiden Tischgemeinschaften, weil sie uns zu viel Zeit, Kraft und Aufwand kosten. Wir wollen es nicht riskieren, unsere Beziehungen zu beschädigen – oder unsere sorgfältig ausgeführten Diäten. Wir vollführen einen Eiertanz um das Thema Nahrungsauswahl – manchmal behalten wir unsere Meinung für uns und manchmal warten wir nur auf die geringste Möglichkeit, jemanden zu belehren. Wir möchten aufklären, informieren und andere zu unserer Denkweise bekehren. Wir finden Bestätigung, Wert und Verehrung im Essen.

ERLÖSUNG: Das Brot des Lebens

Aber Gott kannte den Strudel, in den uns etwas so Gewöhnliches wie eine Mahlzeit stürzt, und sandte seinen Sohn Jesus, um diesen Niedergang zu stoppen. Wir können unsere zerbrochenen Körper nicht heilen, indem wir unsere Kinder mit mehr Gemüse als Obst füttern (auch wenn wir es gerne versuchen würden). Nur Christi auf dem Kreuz zerbrochener Leib kann uns wahre Erlösung und Befreiung von Sünden bringen. Als Jesus kam und das Gesetz erfüllte, beseitigte er die Beschränkungen der Nahrungsgesetze. Als er über den dürren, rissigen, unerbittlichen Boden dieser Erde ging, gab er uns klare Anweisungen über unsere Beziehung zum Essen, indem er alle Nahrung für rein erklärte (vgl. Mk 7,18-19).

Dank Jesu Werk auf dieser Erde finden wir unsere Identität nicht in speziellen Ernährungsgesetzen oder Diäten. Wir sollen zwar immer noch weise Verwalter unseres Körpers sein, aber wir wissen, dass wir nicht deswegen abgesondert und nicht heiliger sind, wenn wir gewisse Speisen meiden, auch brauchen wir uns dessen nicht zu schämen, was in unseren Kühlschränken steht (vgl. Röm 14,2-3.6-8). Die Entscheidung zwischen Stillen oder Flaschennahrung braucht uns nicht zu angestrengter Suche bei Google zu treiben, denn unser Vertrauen ruht nicht auf einer bevorzugten Methode – sondern auf Jesus. Wir finden unsere Rechtfertigung in ihm allein, und nicht darin, was wir einkaufen. Wir rühmen uns lieber des Kreuzes als unserer Kochkunst (vgl. Gal 6,14).

VOLLENDUNG: Ernährung im 1000-jährigen Reich

Wenn der Herr Jesus als der große Friedefürst alle Dinge wiederherstellen wird (vgl. Apg 3,21), wird der Kampf mit dem Essen zu Ende sein. Die Menschen, die dann auf der Erde leben werden, werden sich wahrscheinlich nicht mehr über Ernährungsvorlieben und Bio-Zertifikate streiten, auch nicht über den Jo-Jo-Effekt mancher Diäten und über Kummerspeck. Auch Allergien werden der Vergangenheit angehören.

Die Menschen werden dann die reichen und wohltragenden Gärten genießen – frei von Unkraut und steinigem Boden. Immer noch werden sie arbeiten, aber die Arbeit wird wunderbar und frei von unnützer Mühe und Quälerei sein (vgl. Jes 65,21-23). Nahrung wird immer noch ein wichtiger Bestandteil sein für die Menschen, die im 1000-jährigen Reich auf der Erde wohnen: »Und sie werden sitzen, jeder unter seinem Weinstock und unter seinem Feigenbaum, und niemand wird sie aufschrecken« (Mi 4,4). Über- und Unterernährung wird es dann vermutlich nicht mehr geben.

Eine offene Tafel

Ich wohne in Iowa, im Herzen des Mittleren Westens der USA – auch als Kornkammer bekannt – und es passiert nicht selten, dass Mütter die Vorzüge von Biotechnik, genveränderten Lebensmitteln, Bio-Zertifizierung, Lebensmittelbeschaffung und ähnliche Themen diskutieren. Ich wünschte, ich könnte behaupten, dabei stets eine unbeteiligte Dritte gewesen zu sein (besonders wenn sie sich in die Haare gerieten), doch ehrlich gesagt – ich war es nicht. Ich habe Fakten hervorgesprudelt, die ich mal während des Stillens spät am Abend im Internet gelesen hatte. Ich habe wiederholt, was eine Freundin mir erzählt hatte, die in der Agrarindustrie arbeitet. Ich habe im Inneren die Meinung anderer Mütter verurteilt – manchmal waren sie »zu streng und zu gesund« und manchmal wollte ich ihnen am liebsten einen Beutel Rosenkohl schenken.

Viel öfter als ich gerne zugeben würde, fand ich mich auf einer Stufe mit den Gesetzlichen wieder, von denen wir im Neuen Testament lesen. Einige Gläubige der ersten Gemeinden gerieten wegen Speisegesetzen und anderen Regelungen in heiße Debatten. Einige meinten, sich bestimmter Speisen enthalten zu müssen, und andere dachten, sie bräuchten die Speisegesetze nicht zu beachten. In Römer 14 geht Paulus dieses Thema frontal an. Er gebietet der Gemeinde aufzuhören, sich wegen des Essens zu bekriegen. Weil Christus den Tod besiegt hat, wird alle Speise für rein erklärt. In der Wahl der Speisen besteht Freiheit. Was einer isst, ist eine persönliche Gewissensfrage (vgl. Röm 14,1-5.13-15).

Paulus erinnert uns daran, dass wir nicht das Maß und der Richter des anderen sind. Weil Jesus das Gesetz erfüllt hat, finden wir unseren Wert nicht darin, dass wir einige Nahrungsmittel von unserem Speiseplan streichen, oder unser Baby bis zur geforderten Ein-Jahres-Marke stillen, oder uns dem neusten Ernährungstick unterwerfen. Gott nimmt alle Gläubigen auf – solche, die sich nach strikten Regeln ernähren, und andere, die alles essen, was ihnen vorgesetzt wird – und so sollten wir es auch tun (vgl. Röm 14,3-4). Körperliches Training und Nahrung, die dem Körper Kraft gibt, haben einen gewissen Wert, aber lasst uns nicht so tun, als hinge unsere Errettung davon ab (vgl. 1Tim 4,8).

Vorliebe oder Zwangsvorstellung?

Ich habe einige Freundinnen, die Bio-Fleisch und -Produkte bevorzugen. Ich habe andere Freundinnen, die Billigangebote kaufen und nach den niedrigsten Preisen suchen. Wieder andere kaufen Fleisch, Eier und jahreszeitliche Produkte bei einem örtlichen Bauern. Ich habe sogar einige Freundinnen, die ihre eigenen Tiere züchten und vieles von dem, was sie an Obst und Gemüse essen, selbst anbauen.

Seine Familie sorgsam und überlegt zu ernähren ist nicht falsch. Tatsächlich zeugt es von Liebe und Barmherzigkeit, jemand vor einer Allergie zu bewahren, einen ausgewogenen Speiseplan zu überwachen und sicherzustellen, dass jeder ausreichend Vitamine und Nährstoffe bekommt, um Energie für den Tag zu haben. Nicht nur das: Gott gab uns die Nahrung zu unserer Freude in unserem Dienst für ihn. Das sollte gefeiert werden! Wir können und sollten uns über eine brutzelnde Pfanne, den Anblick einer tiefgrünen Gurke und den Duft eines perfekt gegrillten Steaks richtig freuen.

Das Problem entsteht, wenn wir andere richten, verurteilen und kritisieren, weil sie nicht dieselben Ansichten haben wie wir. Es wird zur Sünde, wenn es unsere Sicht so weit trübt, dass wir unsere Nächsten nicht mehr lieben können, weil sie sich anders ernähren als wir. Tatsächlich vergesse ich das schnell, dass während ich zum nächsten Supermarkt um die Ecke flitze und einpacke, worauf ich gerade Lust habe, manche Mutter dankbar wäre, wenn sie eine Mahlzeit auftischen könnte, die die hungrigen Mägen ihrer Kinder füllt. Sich das Essen aussuchen zu können ist die gute Gabe eines gnädigen Gottes, und nicht jeder hat diese Freiheit.

Ärgert es Dich, wenn eine Mutter bei einem Spieletreffen erst 15 Minuten vor dem Mittagessen Kekse als Snack anbietet? Rollst Du die Augen über eine Mutter, die ihr Baby bis es ein Jahr alt ist, zuckerfrei ernähren will? Spukt Dir das Stück Käsekuchen immer noch im Kopf herum, das Du bei der Geburtstagsfeier einer Freundin gegessen hast?

Wie wir reagieren, wenn eine Mutter aus der Bekanntschaft unsere Essensschranken durchbricht – besonders bei unseren Kindern – zeigt uns den Zustand unseres Herzens. Wenn wir ununterbrochen ruhelos die Nahrungsaufnahme unserer Kinder überprüfen und wenn wir immer nur darüber nachdenken, wo wir unsere Lebensmittel einkaufen oder insgeheim hoffen, wir könnten unsere Freundinnen zu unserem Lebensstil bekehren, dann gehen wir mit unseren Ernährungsvorlieben zu weit. Die Frage ist: Definierst Du Dich über die Ernährungsweise oder den kurzlebigen Trend, dem Deine Familie zu folgen hat? Oder definierst Du Dich über das Maß an Ruhe in Christus, egal was man Dir bei einem Spieletreffen anbietet?

Lasst uns doch eine demütige, dankbare Herzenshaltung einnehmen, indem wir unser Essen in Dankbarkeit von unserem Vater in Empfang nehmen und daran denken, dass Gott uns vom Gericht befreit hat – und auch vom Richten über andere (vgl. 1Tim 4,3-5). Wegen des Evangeliums Jesu Christi dürfen wir in aller Freiheit einkaufen, kochen und unsere Familien ernähren.

DISKUSSIONSFRAGEN:

1. Inwiefern betrachtest Du Ernährung als Maßstab dafür, eine gute Mutter zu sein?

2. Wie befreit Dich Dein Christsein von dem Drang, Dir in Bezug auf Nahrung Sorgen zu machen, anstatt Gott für seine Vorsorge und Güte in Deinem Leben zu preisen? Gibt es ein bestimmtes Gebiet fehlgeleiteter Anbetung, für das Du Buße tun müsstest?

3. Auf welche Weise kann die Freiheit des Evangeliums Dir Kraft verleihen, freundlich mit anderen und ihren Ernährungsvorlieben umzugehen? Und wem kannst Du heute Freundlichkeit erweisen?

11

DAS EVANGELIUM UND UNSERE BEZIEHUNGEN

Emily

Als unser erstes Kind etwas über sechs Monate alt war, wollten mein Mann und ich zum ersten Mal abends ausgehen. Also schrieb ich den Großeltern ein »Handbuch«.

Hier folgt ein kleiner Auszug des Kapitels »Einschlafen« (ja, meine Anleitung hatte so viele Themen, dass ich sie in Kapitel einteilen musste):

> Er geht zwischen 19:00 und 20:00 Uhr zu Bett. Achtet auf Müdigkeitsanzeichen! Ihn zwischen 19:00 und 19:30 Uhr ins Bett zu bringen ist am besten. Wenn ihr ihn baden wollt, dann fangt nach 18:30 Uhr damit an, sodass es danach in die Einschlaf-Routine einmünden kann. So läuft es ab: Geht in einen schwach beleuchteten Raum, gebt ihm eine saubere Windel, zieht ihm den Pyjama an, zieht ihm den Schlafsack über, gebt ihm die Flasche und den Schnuller und wiegt ihn in den Schlaf. Wenn er schläfrig wird, aber noch wach ist, legt ihn ohne Decken oder Spieltiere auf den Rücken in sein Bettchen. Wenn

sein Rauschen angeschaltet und der Raum dunkel ist, wird er normalerweise ohne Schwierigkeiten einschlafen und höchstens ein bisschen weinen.

Ihr dürft ruhig über mich lachen. Ich lache selbst über mich (und wahrscheinlich haben Oma und Opa auch lachen müssen). Meine Absichten mit diesem »Handbuch« schienen gut zu sein. Ich wollte, dass mein Sohn dieselbe Geborgenheit wie bei Papa und Mama erlebt, auch in den Armen anderer qualifizierter Bezugspersonen. Aber unter den guten Absichten verbargen sich die gefährlichen Gesinnungen meines Herzens, die forderten:

»Oma und Opa müssen meinen Erwartungen entsprechen, um meinen Sohn zu lieben, und um mich glücklich zu machen.«

»Ich bin die Einzige, die für mein Kind sorgen kann. Alle anderen werden seinen Bedürfnissen niemals gerecht werden.«

»Wer mich respektiert, wird sich genau an alle meine Wünsche halten und an alles, was mir wichtig ist.«

Solche Sätze standen natürlich nicht in meinem »Handbuch«, aber mit meinen Erwartungen, Vorlieben und Maßstäben wären Beziehungsschwierigkeiten vorprogrammiert gewesen.

Aber beide Großelternpaare bewiesen Geduld mit unseren Ticks in Bezug auf diese neuen Aspekte unserer Beziehung, doch der Weg dahin war nicht immer ohne Hürden. Wie man sich denken kann, konnten sie gar nicht immer unseren Regeln folgen. Wir erwarteten auch manchmal Unmögliches. Wir konnten uns auch nicht immer vollkommen verständlich machen.

Jahre später bin ich froh, wenn ich beim Abliefern all meiner Großen und Kleinen bei den Großeltern noch ein paar Hinweise geben kann, bevor ich auch schon hinausgehe und »Danke! Bis später!« hinterherrufe. Wir besprechen immer noch das Notwendige, aber ich werde besser darin, Gott und auch anderen (Vertrauenswürdigen) zu vertrauen und mir klarzumachen, dass auch ich kein Patentrezept für die richtige Beaufsichtigung besitze.

Die Botschaft des Zeitgeistes: Mutter weiß mehr

Die Beziehungen als Mutter sind oft kompliziert. Da gibt es Spannungen mit den Schwiegereltern, weil sie sich nicht an die Zeitpläne für Snackpausen halten, eine peinliche Situation mit der Freundin in der Gemeinde, die meint, dass Kinder immer im Gottesdienst sitzen müssen, obwohl Du es in Ordnung findest, sie in die Kinderbetreuung zu geben oder unangenehme Unterhaltungen mit einer Mutter, die davon überzeugt ist, das Stillen würde schon klappen, wenn man sich nur ausreichend Mühe gäbe oder taktlose Reaktionen, wenn man selbst gerade eine Fehlgeburt hatte und die Freundin sich über ihre Schwangerschaft beschwert und so weiter.

Alle Beziehungen, alle Gespräche und alles Miteinander enthalten das Potential, unser Selbstwertgefühl als Mütter zu bedrohen und uns beschämt und klein zu machen. Man kann sich allerdings auch über das alles erheben und sich nicht um die Meinungen anderer kümmern, weil man glaubt, der eigene Weg sei der einzig richtige. All das kann zu Zerbruch, Isolation oder zu Vergebungsunfähigkeit in unseren Beziehungen führen.

Die westliche Kultur ist hochgradig individualistisch und erhebt das eigene Ich und die persönlichen Vorlieben über das Wohl der anderen und über die Gefühle der Gruppe. Wenn persönliche Entscheidungen über allem stehen, glauben wir, alle anderen Menschen sollten unsere individuellen Bedürfnisse tolerieren, bestärken und fördern. In den letzten Jahrzehnten bildete dies immer deutlicher den Rahmen für das Muttersein und die Brille, durch die wir unsere Beziehungen zu anderen Menschen betrachten.

Wenn die anderen nicht unseren Erwartungen entsprechen oder dem ungeschriebenen Handbuch für unsere Kinder folgen, reagieren wir durch sichtbaren oder passiven Liebesentzug, vernachlässigen die Gemeinschaft oder lassen andere an der Freude unserer Kinder keinen Anteil haben.

Der Zeitgeist erklärt uns, dass man die Vorlieben der anderen bekräftigen und ihnen zustimmen muss, wenn man in seinen

Beziehungen Frieden haben will. Freundlichkeit erfährt man nur, wenn man Freundlichkeit erweist. Wenn jemand uns respektieren will, muss er alles bestätigen, was wir tun und uns in der Freiheit bestärken, alles zu tun, was wir für richtig halten.

Selbst in der Familie hat die Mutter häufig das letzte Wort, wenn es um Entscheidungen wegen der Kinderbetreuung, um Erziehungsfragen oder um Ernährungsmethoden geht. Manchmal läuft es tatsächlich wie in dem Disney-Lied »Mutter weiß mehr«. Der Zeitgeist lässt es oft so aussehen, als wäre die Meinung des Vaters (vor allem in den Kleinkinderjahren) dumm, ungebildet und jedenfalls weniger wichtig als die feinfühligen Mutterinstinkte der Löwenmama.

Ist das Gottes Plan für unsere Beziehungen? Dass wir nur diejenigen lieben, akzeptieren und nur an denen Gefallen finden, die unseren sozialen Erwartungen entsprechen und unsere bevorzugte Lebensführung teilen (oder zumindest dulden)?

Trotz der Komplexität unserer Beziehungen während unserer Mutterschaft helfen uns Christi Fürsorge und Beispiel in den Evangelien, überall barmherzig zu sein, Gerechtigkeit walten zu lassen und Kränkungen in heftigen und auch kleinen Konflikten zu übersehen.

Ein kurzer Vorbehalt

Beziehungen haben verschiedene Ebenen von gesunden Verhältnissen. Dieses Kapitel spricht vor allem über Kränkungen, Betrübnisse und Spannungen, die durch unangebrachte Erwartungen, unterschiedliche Entscheidungen, fragwürdige Einflüsse und unschöne Augenblicke hervorgerufen werden – die »normalen« Konflikte und Stressfaktoren, die uns im alltäglichen Leben begegnen. Allerdings gibt es auch Beziehungen, in denen Missbrauch (körperlicher, emotionaler oder sexueller Art) oder anderweitig extrem ungesundes Verhalten oder schlechter Einfluss vorkommen (Drogenmissbrauch, Verwahrlosung, Rassismus, anhaltende psychische Gesundheitsprobleme und so weiter). Damit muss sicher in anderer Weise umgegangen werden als in diesem Kapitel dargestellt wird. Gott ruft die Nachfolger Christi immer zur Vergebungsbereitschaft auf, aber er ermahnt uns auch zum Schützen anderer und zur Gerechtigkeit. Es ist richtig, aus Liebe in manchen Beziehungen Grenzen zu setzen und – wenn nötig – die entsprechenden Autoritäten zu kontaktieren. Solche Situationen zu entscheiden geschieht am besten in einer Gemeinschaft mit anderen Gläubigen. Sie können uns helfen herauszufinden, wie wir unser Herz und unseren Verstand und die unserer Kinder am besten schützen können.

Die Botschaft des Evangeliums

SCHÖPFUNG: Gott weiß mehr

Als Gott Adam und Eva geschaffen hatte, gab er ihnen Anweisungen (ein Handbuch sozusagen) für das Leben auf der Erde. Gottes Erwartungen für sein eben erst erschaffenes Volk waren auf Liebe gegründet – lebenswichtig für ihr Gedeihen und ihr Leben an sich. Er wollte eine Beziehung zu ihnen haben, aber die Beziehung zu einem heiligen Gott erfordert absoluten Gehorsam gegenüber seinen deutlich ausgesprochenen Befehlen.

So stellte er ihnen den Regierungsauftrag der Schöpfung vor: »Seid fruchtbar und mehrt euch und füllt die Erde und macht sie euch untertan; und herrscht über die Fische des Meeres und über die Vögel des Himmels und über alle Tiere, die sich auf der Erde regen!« (1Mo 1,28). Weiter sagte er: »Siehe, ich habe euch alles samenbringende Kraut gegeben, das auf der Fläche der ganzen Erde ist, und jeden Baum, an dem samenbringende Baumfrucht ist. Es soll euch zur Speise sein« (1Mo 1,29). Allerdings war es ihnen nicht erlaubt, von dem Baum der Erkenntnis des Guten und Bösen zu essen (vgl. 1Mo 2,16-17).

Obwohl den ersten Menschen Verantwortung und Autorität verliehen worden war (wie uns als Eltern), waren sie doch nicht die Götter des Paradieses. Stattdessen sollten sie ihres vollkommenen Vaters Plan für seine Schöpfung ausführen.

SÜNDENFALL: Den eigenen Weg gegangen

Aber statt den von Gott angewiesenen Weg zu gehen und seinen Anordnungen im Paradies zu folgen, wurden Adam und Eva ungehorsam, zweifelten an seiner Güte und aßen von dem verbotenen Baum, nachdem sie von der Schlange betrogen worden waren (vgl. 1Mo 3,6). Sie taten, was ihnen als das Beste erschien, wodurch sie ihre persönlichen Begierden über Gottes Befehl und Schöpfungsauftrag stellten. Weil Adam und Eva Gottes Weg verwarfen, wurden wir – ihre Kinder – alle zu Sündern (vgl. Röm 5,12.18). Wir treten in ihre Fußstapfen und tauschen die Wahrheit von Gottes gutem Plan gegen unsere persönliche Weltsicht ein (vgl. Röm 1,25). Besonders für uns Mütter bedeutet das, dass wir unser eigenes Handbuch für unsere Kinder schreiben und eigene ausgesprochene und unausgesprochene Erwartungen in Bezug auf unsere Beziehungen einfügen. Wenn unsere Kinder das iPad nicht benutzen und keine Kekse vor den Mahlzeiten essen dürfen, und wir dann sehen, wie andere unsere Gesetze übertreten, blasen wir die Trompete und bringen unsere Bataillone in Stellung.

Manchmal geht es auch subtiler. Wir denken: *Das ist für dein Kind vielleicht in Ordnung, aber erzähl mir nicht, wie ich meins erziehen soll. In diesem Garten bin ich Gott, und ich entscheide, was das Beste ist.* Sobald jemand unseren Lebensstil infrage stellt, unsere Entscheidungen herausfordert, oder uns seine entgegengesetzte Meinung kundtut, grübeln wir und beklagen uns, und warten auf eine Gelegenheit, unser Missfallen auf passive Weise zu zeigen. Strategisch planen wir, wie wir uns von solchen Leuten fernhalten können, die unseren Erziehungsregeln nicht folgen oder uns das Gefühl geben, doch nicht die allerbesten Mütter zu sein. Denn in solchem Fall nachzugeben hieße ja, gerade in dem Job versagt zu haben, in dem wir die Besten sein wollen.

Das bedeutet nicht, dass wir keine Ideale oder Maßstäbe in der Kindererziehung haben dürfen. Es ist gut, Pläne und Wünsche für die Kinder zu entwickeln. Probleme entstehen erst, wenn wir der Ansicht sind, unsere Vorlieben und Entscheidungen seien das Höchste und Beste für uns und unsere Kinder, und wenn wir uns durch das Gerede und die Entscheidungen anderer Leute angegriffen fühlen, anstatt lieber in die Bibel zu schauen und sie zum Maßstab für unser Leben und unsere Beziehungen zu machen.

ERLÖSUNG: Christus bahnt einen neuen Weg

Anstatt uns wegen unserer Rebellion gegen seine Gebote auf ewig zu verwerfen, schaffte Gott einen Weg der Versöhnung. Er wusste, dass wir seinen guten, vollkommenen und heiligen Befehlen nicht folgen konnten. Die einzige Möglichkeit, frei zu werden, war ein Akt göttlicher Rechtsprechung (vgl. Röm 7,5-6). Gott sandte seinen Sohn – welcher niemals die Gebote seines himmlischen Vaters übertreten hat –, um ihn an unserer Stelle zur Sünde zu machen. Allen, die das im Glauben annehmen, gibt er, dass sie Gottes Wege erkennen und durch Jesus Christus auf ihnen wandeln können (vgl. 2Kor 5,21). Jesus bezahlte dafür, dass wir eine gute Beziehung zu Gott haben können und befreite uns von dem Anspruch, alle Gesetze erfüllen zu müssen, indem er die Strafe auf sich nahm, die wir verdient hätten: den Zorn Gottes, die Abwesenheit von Gott, Gottes hartes Gericht und sein Recht, abzurechnen (vgl. Mt 5,17). Unsere Reaktion darauf sollte uns davon abhalten, wie der nicht vergebungsbereite Knecht in Matthäus 18,21-35 zu handeln, oder wie die verurteilten Pharisäer in Matthäus 23,4-7. Gott ließ uns radikale Versöhnung und Gnade in Christus zuteilwerden, als wir seinen guten und vollkommenen Erwartungen nicht entsprachen – wer sind wir, dass wir unserem Nächsten dieselbe Gnade vorenthalten sollten?

VOLLENDUNG: Der Weg zu einem besseren Paradies

An jenem Tag, an dem sich jedes Knie vor ihm beugen wird, werden unsere Mutter-Handbücher beschämend unbedeutend werden, verglichen mit der Offenbarung seines vollkommenen Plans. Die Gläubigen werden dann bei ihm im Himmel sein, während am Tag des Endgerichts jede böse Tat ihre gerechte Strafe erhält (vgl. Hebr 10,30). Wir brauchen auf Erden nicht auf Rache zu sinnen oder Liebe vorzuenthalten, weil wir wissen, dass alles in Ordnung gebracht und der Teufel in den Feuersee geworfen wird (vgl. Offb 20,10). Wir dürfen in der Vorfreude auf die vollkommene Übereinstimmung der Familie Gottes leben. Denn dann werden wir Gottes Wege in alle Ewigkeit lieben, genießen und feiern – trotz all unserer vielen unterschiedlichen Vorlieben.

Gnade ist keine Freikarte

Wir können anfangen, diese kostbare Wiederherstellung zu erfassen, die Gott uns in Christus geschenkt hat, aber sie lässt sich nicht immer ins tägliche Leben übertragen. Wenn Oma und Opa das Baby zwei Stunden später ins Bett legen als abgemacht, oder wir hören, dass sie einen Film angeschaut haben, den wir für zu gruselig halten, bleibt die Frage: Wie können wir freundlich bleiben, ohne anderen eine Freikarte auszustellen, alles tun zu können, was sie wollen?

Obwohl ich nicht für jede Situation eine Antwort auf diese Frage weiß, frage ich mich immer häufiger: Geht es hier um *eine persönliche Vorliebe*, an der ich hänge und darum lieblos handle, oder ist es *etwas Schädliches* gegen mein Kind und *eine Sünde* gegen Gott, der in Liebe begegnet werden muss? In den meisten Fällen, besonders in der Beziehung zu vertrauenswürdigen Menschen, handelt es sich dabei um unangenehme Verletzungen meines Mutter-Handbuches, denen ich dann mit einer freundlichen Haltung begegnen muss (vgl. 1Petr 4,8).

WIR STEHEN
NICHT IM
WETTKAMPF;
WIR SIND EINE
GEMEINSCHAFT

Geht es hier um eine persönliche Vorliebe?

Hat jemand bei der Geburtstagsfeier vergessen, dass Du bei Deinem Kind auf eine spezielle Ernährungsweise achtest?[10] Glaube an ihre gut gemeinten Absichten und bedanke Dich aufrichtig für die schöne Feier. Was für eine gute Gelegenheit, Deinem Kind zu erklären, dass es im Leben oft nicht nach Wunsch geht. Die Menschen werden nicht immer an unsere Vorlieben denken, aber wir können sie trotzdem lieben. Wir können uns ein Herz fassen und an Bibelverse erinnern wie Epheser 4,2: »mit aller Demut und Sanftmut, mit Langmut, einander ertragend in Liebe«.

Geht es hier um eine gefährliche Sünde, der Einhalt geboten werden muss?

Manchmal ist es nicht ganz einfach, unsere persönlichen Vorlieben von gefährlichen Sünden zu unterscheiden. In jedem Fall können wir mit einer demütigen Haltung und mit einem vergebungsbereiten Herzen an die Sache herangehen, dem es mehr darum geht, Gottes guten Plan zu lieben, als dass die Leute unseren Plänen folgen. Dann können wir die Sünde beim Namen nennen und doch Versöhnung suchen, wo sie nötig ist. Eine Mutter, die den Balken aus ihrem Auge entfernt hat (die ihre Irrtümer, ihre eigenen Sünden und ihren Bedarf an Gnade einsieht), kann besser mit dem Splitter (der aktuellen Sünde) im Auge eines anderen umgehen (vgl. Mt 7,1-5).

Wenn Deine Freundin ihr aggressives Kind auch nach mehreren Spielnachmittagen nicht zur Ordnung ruft, mag zum Prozess der Vergebung und Versöhnung gehören, dass man ihr in einer offenen, aber freundlichen Unterhaltung sagt, was Dich oder Dein Kind verletzt. Wenn Du und Dein Mann einen Ausflug mit den Schwiegereltern plant, könnte zu dem Prozess gehören, im Voraus

---

10 Dieses Beispiel bezieht sich nicht auf jemanden, der unter einer lebensbedrohlichen Lebensmitteallergie leidet, die behandelt und ärztlich beaufsichtigt werden muss.

gewisse Grenzen festzulegen. Christliche Liebe bringt Sünden vor den wahren Richter und sucht nach Möglichkeiten, in denen Beziehungen aufrechterhalten werden können und möglichst wenig von den Schäden sündigen Verhaltens berührt werden.

Gedanken über Beziehungen, die im Evangelium gegründet sind

Wir – eine Reihe von Frauen, die sich diesen Abend freigenommen hatten – saßen in dem feinsten Restaurant unserer kleinen Stadt um einen Tisch herum. Jede bestellte sich etwas anderes. Zuerst kamen die Getränke: Kräutertee, Tassen mit Chai, koffeinfreier Kaffee mit Sahne, und Mineralwasser. Danach kamen die Speisen und Desserts: gerösteter Blumenkohl, Krustenbrot, Crème brûlée, Schokoladenkuchen ohne Mehl und Blaubeerpfannkuchen. Jede hatte etwas anderes bestellt, jedoch alle von derselben Speisekarte.

Als ich mich so umsah, stellte ich fest, dass die anwesenden Frauen genauso unterschiedlich waren wie die Speisen und Getränke vor uns. Dazu gehörten Frauen, deren Alter Jahrzehnte auseinanderlagen, Frauen, die außer Haus arbeiteten, Frauen, die unentgeltlich tätig waren und Frauen, die vollzeitlich zu Hause blieben. Einige hatten ihren Master gemacht, einige führten kleine Geschäfte, einige besuchten Seminare, und andere überlegten noch, was sie im nächsten Lebensabschnitt machen sollten. Innerhalb dieser Gruppe gab es Missionsfelder, die von der Heimfront bis zu den Enden der Erde reichten. Einige Frauen betreuten die nächste Nachbarschaft im ländlichen Umfeld, andere dienten kranken Frauen in einer Frauenklinik, andere kümmerten sich liebevoll um Pflegekinder, und andere waren dabei, Muslime kennenzulernen, um ihnen die Gute Nachricht bringen zu können.

Da waren Mütter, deren Kinder an öffentliche Schulen, andere auf Privatschulen gingen und wieder andere, die zu Hause unterrichteten. Auch waren dort stillende Mütter, abpumpende Mütter und Flaschennahrung gebende Mütter. Frauen, die sich schmerzlich nach einem Kind sehnten, solche, die Schwangerschaftsnarben oder Kinder mit besonderen Nöten hatten, Mütter von zwei und Mütter von fünf Kindern, Mütter, die bei der Pflege der Kinder Hilfe hatten, und Mütter, die ganz allein ihr Kind erziehen müssen. Außerdem Mütter mit einem üppigen Einkommen und Mütter, die froh sind, wenn sie mit wenigen Spendengeldern über die Runden kommen.

Wir waren Mütter, die alle unterschiedlich dienten, die auf verschiedene Weise ihrem Ich gestorben waren, die alle dem Herrn Jesus folgten und ihn liebten und jede in ihrer Familie und auf ihre Art, in ihren Leiden und Umständen aus dem Evangelium lebten. In ihm und durch ihn und um seinetwillen genossen wir die fröhliche und auch tiefsinnige Unterhaltung in Gemeinschaft und Freude.

Und obwohl dieser Augenblick um den Esstisch idyllisch war, war er doch ein Spiegelbild der Beziehungen, die wir haben können, wenn unsere Hoffnungen, Erwartungen und unser ganzes Wesen in Christus gegründet sind.

Wir brauchen unser Mutter-Handbuch nicht als die beste Erziehungsanleitung hochzuhalten, wenn wir Gottes Weg als den besten anerkennen. Das ist eine Straße, auf der wir nur in Demut und durch die Person und das Werk Christi wandeln können. Wir stehen nicht im Wettkampf; wir sind eine Gemeinschaft. Wenn wir das höhere Gut – das Reich Gottes – über unsere eigenen persönlichen Vorlieben und Wünsche stellen, wenn uns Versöhnung und Erkenntnis das Wichtigste sind, können Beziehungen auch mitten in Unvollkommenheit und sogar bei Anfeindungen gedeihen.

DISKUSSIONSFRAGEN:

1. Welche Beziehungen (Freunde, Großeltern, Kollegen, …) waren für Dich am herausforderndsten und warum? Wie viele dieser Herausforderungen entspringen Deinen persönlichen Vorlieben und wie viele kommen aus konkreten, immer wiederkehrenden Sünden?

2. Inwiefern hast Du dabei versagt, die göttlichen Maßstäbe einzuhalten? Wie ist Gott deshalb mit Dir in Christus verfahren? Auf welche Weise sollte das Dein Verhalten in herausfordernden Beziehungen verändern?

3. Denke an eine sich entwickelnde Situation, in der Du Beziehungsspannungen erleben könntest. Wie würdest Du im Voraus beten, planen und die Wahrheit sagen, damit Du bereit bist, in Gnade, Wahrheit und Liebe zu handeln?

12

DAS EVANGELIUM UND UNSERE TRADITIONEN

Laura

Ich trat zurück und betrachtete mein Werk. Vierundzwanzig braune Tüten hatte ich mit Fäden und Wäscheklammern an einen Tannenzweig geheftet. Ich fand, das ginge noch weihnachtlicher, also fügte ich noch einige Tannenzweige aus meinem Garten und einen Ast mit künstlichen roten Beeren hinzu.

Na siehst du, das ist der perfekte Adventskalender!, dachte ich.

Tag eins: Ich bin voller Erwartung und Freude. Ja, meine zwei- und dreijährigen Kinder zerreißen die Papiertüte und rennen damit umher, während ich eine biblische Geschichte lese – aber immerhin sind wir dabei! Dann kommt ein fertiges Schneemann-Stickerbild an die Wand. Ich erzähle die Geschichte von Adam und Eva im selben Zimmer wie die Kinder, und sie scheinen atemlos auf die Erfüllung der Verheißung gespannt zu sein. (Vielleicht warten sie auch nur auf die versprochene Zuckerstange – wer kann das so genau wissen?) Ich war die beste Mama weit und breit!

Tag fünf: Ich bin frustriert. Wir wollten umherfahren und die Weihnachtsbeleuchtung in der Gegend anschauen, aber wahrscheinlich sind unsere Nachbarn nicht bereit, so viel Strom dafür zu verschwenden. Wir sahen zwar einige Lichter, aber nichts wirklich Eindruckvolles. Mein Dreijähriges wiederholte zum tausendsten Mal: »Wo sind sie? Wo sind sie?« Unsere Jüngste wurde im Auto quengelig, weil sie nicht zur gewohnten Zeit ins Bett gekommen war. Heißer Kakao wurde verschüttet und die Autositze mussten gereinigt werden. Wir ließen die biblische Geschichte ausfallen und verschwanden alle so schnell wie möglich in den Betten.

Tag zehn: Ich bin ganz erschöpft. Nur zu, Kinder, macht euch über die selbstgebackenen Plätzchen her, für die ich den ganzen Tag gearbeitet hatte. Plätzchen in Schneeflockenform sehen sowieso hässlich aus. Was soll's, wenn sie eh nur darum betteln werden, 15 Kekse zu essen, wenn der gesamte Fußboden vollgekrümelt wird und die Kinder vor dem Schlafengehen gründlich gesäubert werden müssen, weil in ihren Haaren überall Zuckerguss klebt? Wie kam ich bloß auf die großartige Idee, »Erinnerungen schaffen« zu wollen?

Tag 17: Ich bin hoffnungslos. Mein Mann arbeitete spät und verpasste die Spielzeit mit den Kindern – wieder einmal. Alles, was die Kinder wissen wollen, ist, wann sie endlich ihre Geschenke auspacken dürfen. Ich habe nicht mehr die Energie, mit ihnen das Spiel vor dem Schlafengehen zu machen, darum gebe ich ihnen ein Stück Schokolade, worauf sie mit Worten und Gesten fordern: »Mehr, mehr, mehr!« Fantastisch.

Vier Wochen später hängt der Adventskalender irgendwie verdreht unter der Zimmerdecke. Drei Tüten sind zerrissen, eine fehlt, und es sind mehr Tannennadeln auf dem Sofa als am Zweig. Der traurige Zustand des Kalenders ist ein Bild von meinem Herzen. Warum lief das alles schief? Eigentlich sollten Traditionen und Erinnerungen doch etwas Besonderes und Zauberhaftes sein, aber alles, was ich empfand, war niederschmetternd und entmutigend. Wie schaffen andere Mütter das?

Die Botschaft des Zeitgeistes: Perfekter Pomp und Heidentum

Natürlich beschränken sich meine übereifrigen Bemühungen, bedeutsame Traditionen zu stiften, nicht auf den Advent. Ostern, Erntedankfest, Geburtstage, Andachtszeiten mit der Familie oder Tischgebete – egal, ob es um tägliche Rituale oder nur einmal im Jahr vorkommende Feste geht – ich hatte schon immer ein Händchen dafür, Traditionen wichtiger zu machen, als sie tatsächlich sind und dabei den Blick auf das Wichtigste zu verlieren.

Ich glaube aber, dass ich damit nicht allein bin.

Sowohl die weltliche Kultur als auch die Kirche legen großen Wert auf Traditionen und gestalten sie aufregend, lustig, mit viel Pomp, Staunen und Vergnügungen! Fernsehen und Filme zeigen zauberhaft weihnachtliche, aufwendig dekorierte Häuser, riesige Geburtstagspartys mit Hüpfburgen und Zirkusakrobaten, und Thanksgiving-Festtafeln, als seien sie von Norman Rockwell gemalt.

Soziale Medien sind auch nicht besser, weil sie Szenen zeigen, die man früher nur von Hollywood kannte und den Eindruck vermitteln, in jeder Familie würde genauso extravagant gefeiert. Bildschöne Momentaufnahmen zeigen aufmerksame Kinder, Zimtschnecken, die eines Konditors würdig wären, niedliche Osterkörbchen, perfekt durchdachte und nach Plan ausgeführte Aktivitäten, und Geburtstagsdekoration, die direkt aus einem Katalog stammen könnte. Alles ist großartig und spektakulär, und alle sind vergnügt und kommen wunderbar miteinander aus. Die Fotos und Blogartikel werden gespeichert, und damit ist der Maßstab für Mütter festgelegt: Zeig Deiner Familie an Feiertagen Deine Liebe mithilfe von Dekoration, Planung und Aktivitäten.

In christlichen Kreisen kommt noch dazu, dass wir unter dem Druck stehen, klarzustellen, dass in den Traditionen ein tieferer Sinn liegt, der von kenntnisreichen Eltern fehlerlos weitergegeben und von eifrigen Kindern freudig aufgenommen werden muss.

Eine Mutter muss sich stets auf dem neusten Stand der christlichen Kinderbücher und -lieder halten, spezielle Vokabelkarten und Merkvers-Methoden kennen sowie Adventskalender und Ausmalblätter für die Karwoche parat haben. Manchmal scheint es uns so, dass, wenn wir einmal einen Tag nicht bewusst unterrichtet und erzogen haben, wir kostbare Zeit verstreichen ließen, und unsere Kinder nun vielleicht nie den Weg zum Herrn finden werden. Mütter sprechen im Internet und auch persönlich über neue Dinge, die sie gekauft oder neue Methoden, die sie ausprobiert haben, um »solide biblische Wahrheiten tief in die Kinderherzen zu pflanzen«. So türmt sich der Druck auf, bis die Mütter es nicht mehr ertragen können.

Wenn Pläne fehlschlagen – wenn die Kinder lieber über Geschenke als über Jesus reden wollen, wenn die Tage einfach zu stressig sind und die Familienandacht ausfällt – fühlt sich eine Mutter oft wie am Boden zerstört. Dann glaubt sie vielleicht, ihr Muttersein habe nicht ausgereicht, und sie muss herausfinden, wie man endlich zu einer »guten Mutter« wird. An anderen Tagen, wenn sich ihre Pläne wie auf magische Weise erfüllen, ist sie in Hochstimmung – wenigstens für den Augenblick. Und sofort ist der alte Stolz wieder da. Dann beginnt in ihrem Herzen das Ringen mit dem Stolz, der ihr einredet, sie könne doch noch den geforderten Ansprüchen genügen.

Bevor sie es merkt, ist sie an Erfolg und Versagen familiärer Traditionen gebunden – ja, gefesselt.

Traditionen sind etwas Gutes. Sogar biblisch. Aber Gott verspricht nicht, dass dabei alles glatt verläuft, besonders, wenn es um Kinder geht. Er verlangt auch nicht, dass man alle Mütter in der Nachbarschaft überbietet. Vielmehr blickt er auf das Herz. Gott hat Traditionen nicht geplant, damit wir andere imponieren, sondern damit wir an sein Wirken denken und es feiern.

Also lautet die Frage: Wenn alles Heidnische weggetan ist – die Ballons geplatzt, die Girlanden weggepackt, die Malblätter vollgemalt und die Party-Teller in der Mülltonne sind – was bleibt dann übrig?

Die Botschaft des Evangeliums

SCHÖPFUNG: Bedeutungsvolle Routinen

Für eine Tradition hält man in der Regel etwas, was man regelmäßig tut. Dabei ist es mehr, als jeden Morgen Sport zu machen oder jeden Abend ein Stück Zartbitterschokolade zu essen. So etwas bezeichnen wir für gewöhnlich als Angewohnheiten oder Routinen. Das Wort »Tradition« bedeutet »die Weitergabe von Informationen, Überzeugungen und Bräuchen durch mündliche Überlieferung oder durch Beispiel von einer Generation an die andere ohne schriftliche Anweisung«.[11] Sie ist etwas, was wir regelmäßig tun, damit aber eine Belehrung verbinden. Und biblisch gesehen ist Tradition etwas, was wir routinemäßig tun, dem wir aber Bedeutung beimessen, indem wir an Gott denken, sein Werk feiern, und die um uns her über seine Wege unterrichten.

Das Wort »Tradition« finden wir im Alten Testament nicht, doch wenn wir genau hinschauen, finden wir, dass schon vom Schöpfungsbericht an Traditionen beginnen. Nachdem Gott sein Schöpfungswerk beendet und Himmel und Erde, Pflanzen und Tiere, den Mann und die Frau gemacht hatte, ruhte er von seiner Arbeit. Daraufhin segnete er den siebten Tag und machte ihn heilig. In den Zehn Geboten sagte Gott dem Volk: »Gedenke des Sabbattages, ihn zu heiligen [...] Denn in sechs Tagen hat der HERR den Himmel und die Erde gemacht, das Meer und alles, was in ihnen ist, und er ruhte am siebten Tag ...« (2Mo 20,8.11). Gott setzte eine Tradition ein und schuf auch einen geregelten Weg für sein

11 Merriam-Webster, »Tradition«. www.merriam-webster.com/dictionary/tradition.

Volk, damit es ihn dadurch ehren und an das denken konnte, was er gemacht hatte.

SÜNDENFALL: Das bedeutungsvolle Ich

Aber wie schon unsere Voreltern sind auch wir von Natur aus dazu geneigt, mehr uns selbst als Gott zu feiern. So hatten die Israeliten genauso wie wir jährliche Traditionen wie das Passahfest (bei dem sie sich an die Befreiung aus der ägyptischen Sklaverei erinnern sollten), das Laubhüttenfest (zur Erinnerung an ihre Wüstenreise von Ägypten bis nach Kanaan) und das Fest der Ungesäuerten Brote (um sich an die hastige Flucht aus Ägypten zu erinnern). Sie hatten auch häufiger wiederkehrende Traditionen, wie den Sabbat, tägliche Opfer und Opfergaben und die Unterweisungen ihrer Kinder über Gott. »Und lehrt sie eure Kinder, indem ihr davon redet, wenn du in deinem Haus sitzt und wenn du auf dem Weg gehst und wenn du dich niederlegst und wenn du aufstehst« (5Mo 11,19). (Das hört sich ein wenig so an, als würde die gemeinsame Familienandacht dazugehören, nicht wahr?)

Lesen wir weiter im Alten Testament, so merken wir, dass die Israeliten dazu neigten, äußerlich die Traditionen einzuhalten und Gott gegenüber nur ein Lippenbekenntnis abzugeben, während sie innerlich stolz blieben und danach trachteten, gut auszusehen, ihre Mitmenschen zu beeindrucken und trotzdem Gottes Gunst zu gewinnen. »… Dieses Volk ehrt mich mit den Lippen, aber ihr Herz ist weit entfernt von mir. Vergeblich aber verehren sie mich, indem sie als Lehren Menschengebote lehren« (Mk 7,6-7). Ihre Traditionen dienten mehr dazu, ihre eigenen Anstrengungen und Fähigkeiten zu feiern als Gottes Taten.

Die Menschen haben sich nicht verändert. Als Mütter verbringen wir oft mehr Zeit damit, über den Nährwert und die Glasurfarbe der Babytorte nachzudenken, als Gott für das Leben unseres Kindes zu danken, Gottes gute Gaben im vergangenen Jahr zu loben und sich darüber zu freuen, was er in der Zukunft noch tun wird. Wir sind hinter dem perfekten Adventskalender vor allem deshalb her, weil wir ein süßes Bild auf Instagram posten wollen, und weniger, weil wir als Familie über Gottes Erlösungsplan und die Geburt des Erretters nachdenken wollen.

Anstatt Traditionen zu benutzen, um auf Christus hinzuweisen, benutzen wir sie, um uns selbst in Szene zu setzen.

ERLÖSUNG: Das bedeutungsvolle Opfer

Aber Gott wusste, dass wir die Traditionen von ihrer wahren Bestimmung ablösen und uns zunutze machen würden. Wir können unser äußerliches Verhalten leicht ändern und die passenden Seiten zeigen, aber unsere Herzen zu verändern ist weit schwieriger. Tatsächlich ist es aus eigener Kraft unmöglich, deshalb sandte und opferte Gott uns seinen eingeborenen Sohn. Er wusste, dass wir ihn von uns aus niemals wirklich lieben konnten, darum schuf er eine Möglichkeit, indem er den unmöglichen Standard selbst erreichte. Wegen seiner großen Liebe zu uns sind wir in der Lage, überhaupt wirklich zu lieben. »Wir lieben, weil er uns zuerst geliebt hat« (1Jo 4,19).

Jetzt, seitdem der Heilige Geist in uns wirkt, können wir unsere echte Liebe für Gott durch unsere Taten zeigen und brauchen nichts mehr nur mechanisch zu absolvieren, ohne mit dem Herzen dabei zu sein. Wir können unsere Familien im Rahmen täglicher oder jährlicher Traditionen lieben. Wenn wir deren wahre Bedeutung verstehen, merken wir, dass es nicht darum geht, was wir davon haben, sondern darum, an den zu denken und den zu ehren, von dem wir alles haben. Dann können wir mit den Traditionen dienen, wenn wir uns unseres Standes in Christus sicher sind, anstatt dass wir uns Gedanken darüber machen, was andere über uns denken, oder ob wir genug getan haben. Wir dürfen demütig erzählen, was wir wissen und brauchen nicht wie Besserwisser aufzutreten. Wir dürfen darauf vertrauen, dass die Errettung von Gott kommt und nicht durch traditionsbedingte Belehrungen. Wir können mit unseren Familien und Freunden Erinnerungen stiften, die an Gott erinnern, anstatt uns immer wieder auf unsere eigenen Werke zu besinnen.

VOLLENDUNG: Der bedeutungsvolle Erretter

Wenn Christus wiederkommt, wird es uns nicht mehr schwerfallen, uns an Gott zu erinnern und ihn zu ehren, denn er wird bei uns wohnen (vgl. Offb 21,3). Wir werden nicht mehr von Ruhmsucht versucht, weil seine Ehrfurcht gebietende Herrlichkeit die Erde erfüllen und all das Sehnen unserer hungrigen Seelen befriedigen wird. Als Töchter Gottes werden wir keine Erinnerungen mehr nötig haben – weder täglich noch jährlich – um unsere widerspenstigen Herzen zum Kreuz zurückzuwenden. Stattdessen werden wir Tag für Tag vor dem Thron unseres Herrn und Erretters anbeten.

Äußerliches Erscheinungsbild – innere Haltung

»Okay, was haben wir gestern gelesen? Weiß das noch jemand?«, fragt mein Mann, als wir uns zur Andacht versammeln.

Seine Frage wird mit dem Klappern der Kinderrassel beantwortet. Unsere beiden anderen Kinder ignorieren ihn: Das eine sammelt einen Fussel vom Teppich auf, das andere schneidet Grimassen, um mich zum Lachen zu bringen.

Ich seufze. »Denkt doch mal an die Zwillinge, an den haarigen Bruder und an die Linsensuppe!«

»Dürfen wir Kekse?«

»Sind in dieser Bibel noch mehr Bilder?«

»Ich mag Einhörner!«

»Hab ich bald Geburtstag?«

Mike lässt das mit der Wiederholung sein und beginnt mit dem neuen Text. Fast der gesamte Abend läuft so ab: Er stellt den abgelenkten Kindern Fragen und ich versuche, sie auf dem Teppich zu behalten und zum Mitmachen zu bewegen. Es scheint zwecklos. *Hören sie überhaupt zu? Werden sie das Gesagte behalten? Warum komme ich mir so unfähig vor? ...* Solche Gedanken gehen mir häufiger als ich zugeben möchte durch den Kopf. Unsere Tradition, jeden Abend vor dem Zu-Bett-Gehen in der Bibel zu lesen und darüber zu reden, scheint mir eher eine Pflicht als eine Freude zu sein.

Das kommt daher, weil ich meinen Wert an dem Verlangen festmache, sofort Frucht von unseren Traditionen zu ernten. Ich möchte hören, wie meine Kinder die Geschichte von Jakob und Esau möglichst fehlerlos wiedergeben können, damit ich mich wie eine gute Mutter fühlen kann. In solchen Augenblicken habe ich eigentlich gar nicht Gottes Herrlichkeit im Sinn. Ich denke nur an meine Herrlichkeit, und dass mein Ego gestreichelt und besänftigt wird, weil ich glaube, ein Häkchen hinter diese Sache setzen und besondere Familien-Erinnerungen schaffen zu können – denn manchmal kommt es mir leichter vor, mein Verhalten anzupassen, als mich mit meinem Herzen auseinanderzusetzen.

»Denn du hast kein Gefallen an Schlachtopfern, sonst gäbe ich sie; an Brandopfern hast du kein Wohlgefallen. Die Opfer Gottes sind ein zerbrochener Geist; ein zerbrochenes und zerschlagenes Herz wirst du, Gott, nicht verachten« (Ps 51,18-19). David wusste, dass alle Anwendung äußerlicher Traditionen der Welt ihn nicht von seiner Sünde retten oder ihm ein sinnvolles Leben geben konnten. Gott sucht nicht nach Robotern, die tun, was ihnen gesagt wird, weil der Zeitgeist oder die Kirche das von ihnen fordern. Gott blickt immer tiefer. Er »kennt die Geheimnisse des Herzens« und »sieht nicht auf das, worauf der Mensch sieht; denn der Mensch sieht auf das Äußere, aber der HERR sieht auf das Herz« (Ps 44,22; 1Sam 16,7).

Das bedeutet: Gott ist viel mehr an Deinem Herzen interessiert, als daran, wie gut Dir Dein Ostergebäck gelingt, ob Du Dich bei der Weihnachtsgeschichte versprichst (denn: ganz ehrlich – es ist schwer, einem Vierjährigen die Fragen nach Babys und Jungfrauen zu beantworten), oder ob sich Dein Kind während der Familienandacht auszieht, oder ob all Deine Freundinnen von Deinem letzten Bibelleseplan beeindruckt waren. Gott geht es um unsere authentischen, anbetungsbereiten Herzen und nicht um leere Tätigkeiten, die wir nur der Show wegen tun.

Grundlagen einer guten Tradition: Ein Schatz und ein gelebtes Zeugnis

Wenn Christus unser größter Schatz ist, wird sich unsere Liebe zu ihm auf unsere täglichen und auch auf die besonderen Traditionen auswirken. Obwohl es gut ist, sich darüber Gedanken zu machen, wie man Glaubensgrundsätze lehren will oder welche christlichen Traditionen am besten zur Familie passen, will Gott nur, dass wir unseren Kindern beibringen, was er uns gelehrt hat. Während Gottes Wort unser eigenes Leben vertieft und in uns wächst, beruft er uns, das Gelernte treu an die weiterzugeben, die um uns sind.

Traditionen sind da, um unsere Herzen immer wieder auszurichten, nicht um unseren Wert unter Beweis zu stellen. Also lasst uns damit aufhören, die Dinge übermäßig kompliziert zu machen und die Messlatte zu hoch zu legen. Lasst uns dem Trend des Zeitgeistes widerstehen und ebenso dem Wunsch, in den Traditionen Perfektion und Kurzzeiterfolge zu erzielen. Lasst uns stattdessen freimütig das Zeugnis Gottes in uns weitergeben. Als Mütter geben wir oft den Ton an, was die Traditionen in unseren Familien angeht. Lasst uns stattdessen auf das langsame Wachstum eines treuen Herzens vertrauen, das einfach aus der Liebe lebt, die uns erwiesen wurde. Der Kuchen mag anbrennen, die Kinder mögen sich verrückt benehmen und das Buch mag zerreißen, doch wir können fröhlich sein und sanftmütig reagieren, indem wir das Evangelium denen gegenüber vorleben, die um uns sind, selbst wenn es mit den Traditionen nicht so klappt, wie wir es geplant hatten. Denn all diese Tätigkeiten machen uns nicht vor Gott gerecht – das hat Christus längst für uns getan.

DISKUSSIONSFRAGEN:

1. Wie viel Druck verspürst Du, wenn Deine Familie Traditionen feiert? Definierst Du Deinen Status als gute Mutter manchmal aus solchen Feiern? Wenn ja, wie?

2. Wie verändert Dein Wissen, dass Du in Christus ganz sicher bist, Deine Ansichten über Familientraditionen, und wie fühlst Du Dich dann, wenn sie nicht nach Plan verlaufen?

3. Weisen Deine Familientraditionen auf Gott als Deinen größten Schatz und auf Dein Zeugnis hin? Welche Verbesserungen solltest Du vornehmen, um Gott eindeutiger darzustellen?

13

DAS EVANGELIUM UND UNSERE CHRISTLICHE GEMEINSCHAFT

Emily

Ihr Sohn wird wahrscheinlich einen Rollstuhl brauchen.« Er war etwas über zwei Jahre alt. Das Gespräch mit einem Team von Früherfassungs-Spezialisten über Anpassungen für das nächste Schuljahr hatte mich zur Verzweiflung gebracht. Tränen flossen, als ich unsere jüngste Tochter herumrollen, strampeln, gurren und prusten sah, während ihr älterer Bruder dasaß und vor sich hin brabbelte. Denn er hätte nicht vor sich hin brabbeln, sondern sagen sollen: »Mama, guck – Schwester rollen!« Es war eine harte Woche, um es milde auszudrücken.

Ich war erschöpft, aber mein Kalender erinnerte mich daran, dass ich mich für eine kurze Wochenendkonferenz angemeldet hatte. Wenn ich dorthin wollte, wusste ich, dass ich duschen, ein Lächeln aufsetzen und zu Fremden zu reden hatte (was so ziemlich das Letzte war, zu dem ich mich imstande fühlte, als ich die Einschränkungen meines Sohnes verarbeitete und den eine Woche alten Wäschehaufen erblickte). Doch ich ging trotzdem hin. Ich fuhr über eine dunkle, holprige Nebenstraße und unterdrückte die Tränen, als ich einparkte.

Dann nahm die Situation eine unerwartete Wendung.

Als ich das riesige Auditorium betrat, grüßte mich die Frau meines Pastors und führte mich eine Treppe hinab, wo ich bei einer Gruppe von Leuten aus meiner Gemeinde Platz nahm.

Niemand wusste es damals, aber ich fühlte mich von Gottes Trost wunderbar getragen, als ich einige meiner engsten Berater und liebsten Gemeindemitglieder dort sitzen sah. Anstatt, dass man mich am Ende der Reihe sitzen ließ (ich war allein gekommen), nahm mich ein älteres Paar in ihre Mitte. In den Reihen neben uns sah ich zu beiden Seiten meine Pastoren, die Ältesten und mehrere ältere Frauen aus meiner Gemeinde. Mein Herz kam zur Ruhe. Obwohl ich mich in einer großen Gruppe befand, war ich nicht allein. Weder auf dieser Konferenz noch – und das war noch viel wichtiger – mit dem, was mir zu Hause bevorstand.

Als die Lobpreiszeit beendet war und wir die Gelegenheit für Gespräche hatten, erzählte ich, was ich auf dem Herzen hatte. Ich redete nicht nur von den gewöhnlichen Dingen, sondern auch von der Sache mit dem Rollstuhl. Sie weinten mit mir. Wie ein liebender Vater legte der Mann neben mir seinen Arm um mich und drückte mich herzlich.

Obwohl sich alles in mir danach sehnte, sich zu Hause zu verstecken, wo ich mich in meiner Angst suhlen konnte, war der Anblick der Leute aus meiner Gemeinde genau die Ermutigung und Tröstung, die ich nötig hatte. Das Muttersein ist manchmal schwer, aber wir sollten es nicht dadurch noch schwerer machen, dass wir uns in die Einsamkeit zurückziehen, oder uns vor dem Plan Gottes für unsere engste Gemeinschaft verstecken.

Die Botschaft des Zeitgeistes: Es genügt, gleichgesinnte Mütter zu kennen

Wir schaffen das Muttersein nicht allein. Eine Lösung des Problems? Such Dir eine Gemeinschaft von Gleichgesinnten: Frauen, die verstehen können, was Du durchmachst. Bei einer Tasse wieder aufgewärmten Kaffees könnt Ihr Eure Kriegsgeschichten teilen, miteinander lachen, gegenseitiges Mitleid zeigen und einander helfen, die Sachen in den Griff zu bekommen.

Wenn es mit dem Stillen nicht klappen will, können ebenfalls stillende Mütter Probleme beim Anlegen identifizieren und sagen, was ihnen geholfen hat. Wenn Du das laute Geschrei und die kämpfenden Jungs nicht mehr ertragen kannst, können andere Jungs-Mamas mit Dir lachen und Dir Tipps geben, wie die Kinder ihre überschüssige Energie abbauen können. Wenn Du Dich im Badezimmer einschließt, um den kräfteraubenden kleinen Kerl einmal loszuwerden, können andere Mütter von Krabbelkindern Dir eine Tasse Tee anbieten und Dir versichern: »Das ist mir auch schon so ergangen!« In solchen Gruppen fühlen wir uns geborgen, finden Sicherheit und Schutz.

Gemeinschaften Gleichgesinnter sind nicht schlecht. Mütter, die in ähnlichen Umständen leben und ähnliche Erziehungsphilosophien haben, können ungeheuer hilfreich sein und haben ihren Stellenwert. Aber der Zeitgeist verleitet uns, *dabei stehen zu bleiben.* Lustige Mutterfilme, Online-Gruppen und lokale Treffen erwecken den Eindruck, Leidensgenossinnen seien unsere einzige Hoffnung auf Hilfe und Freundschaft. Doch wenn das unsere einzige Hoffnung ist, was geschieht dann, wenn man keine Mutter findet, die in der gleichen Situation steckt, in der Du Dich befindest? Wenn Du Dich in einem Raum einsam fühlst, der voller Frauen ist, die genauso »muttern« wie Du? Wenn Du unzufrieden bleibst, weil Du erkennst, dass alle praktischen Tipps der Welt Deinen tiefen Seelenschmerzen nicht heilen können? Dann fordert das die Frage heraus: Sind wir vielleicht zu schnell zufrieden mit freundlichem Rückentätscheln, praktischen Ratschlägen und unser Selbstwertgefühl bestärkenden Freundschaften?

Derartige Cliquen können tiefe Freundschaften stiften, und die besten unter ihnen können uns sogar auf das Evangelium hinweisen. Aber ist das die einzige Art von Gemeinschaft, die Gott für uns vorgesehen hat? Gott will, dass wir die gemeinsame Gnade von Beziehungen mit solchen genießen, die gleiche Erfahrungen gemacht haben, aber haben wir mal über seinen ewigen Plan für Gemeinschaft nachgedacht? Werden alle Heiligen Gottes gleich aussehen? Dasselbe sagen? Die gleichen Erfahrungen gemacht haben? Ich glaube, dass Gott für uns Besseres vorbereitet hat, als eine gleichgesinnte Mütter-Gemeinschaft bieten kann (obwohl sie uns auch Gutes und Richtiges anbieten mag).

Durch die Gesamtheit der Gläubigen in der örtlichen Gemeinde können wir für die Seele Unterstützung erfahren, durch die Bibel geformt werden und Gelegenheiten finden, andere zu lieben, wie wir geliebt worden sind – selbst wenn uns große Altersunterschiede trennen, die Erfahrungen wenig relevant erscheinen und die Verständigung Schwierigkeiten macht.

Die Botschaft des Evangeliums

SCHÖPFUNG: Ein guter Plan für jede Gemeinschaft

Der Zug des Herzens zu anderen, besonders zu solchen, mit denen wir Auftrag und Werte teilen, ist Gottes ursprünglicher, guter Plan. Gott ist ein Gott aus drei Personen: Vater, Sohn und Heiliger Geist. Obwohl sie sich in Rolle und Tätigkeit unterscheiden, sind sie sich einig über das Ziel: Es soll Gott verherrlicht werden. Aus dem Überfluss an gemeinsamer und liebender Einigkeit in der Trinität (Fachausdruck für den dreieinigen Gott), schuf Gott als Träger seines Bildes erst Adam, dann Eva (vgl. 1Mo 1,26-27). Warum nicht nur einen Menschen? Gott sagte: »Es ist nicht gut, dass der Mensch allein sei« (1Mo 2,18).

Adam und Eva sollten zusammenwirken und den Schöpfungsauftrag in sich gegenseitig ergänzender Weise zur Verherrlichung Gottes als »ein Fleisch« erfüllen (vgl. 1Mo 2,24). Gemeinschaft genießend sollten sie als unterschiedliche, aber gleichgesinnte Menschen, die in der unveränderbaren Person eins gemacht wurden, ihren Auftrag ausführen. Das war seither Gottes Plan.

SÜNDENFALL: Gemeinschaft zum Selbstzweck

Die auf Gottes Gebot gegründete Gemeinschaft hielt nicht lange an. Schon bald kam die Sünde dazwischen. Als Eva der Intrige Satans Folge leistete, ermutigte sie ihren Mann, sich an ihrem Ungehorsam zu beteiligen (vgl. 1Mo 3,6-7). Dann versteckten sie sich vor Scham als gemeinsame Sünder. Anstatt sofort vor dem Herrn Buße zu tun, ließen sie sich von Furcht überwältigen und mieden Gott (vgl. 1Mo 3,8). Als das nicht funktionierte, kehrten sie sich gegeneinander und beschuldigten sich gegenseitig. Das ist die erste Darstellung von dem, was geschieht, wenn sich eine Gemeinschaft auf sich selbst fokussiert und sich nur aufgrund derselben Interessen einig ist. Das führt zu tiefstem Zerbruch und schließlich zum Tod.

Wegen Adams und Evas Sünde ist alle menschliche Gemeinschaft gleichermaßen befleckt. Anstatt uns als Anbeter zu betrachten, die vereint mit anderen an Christus Gläubigen Gottes Auftrag erfüllen, sind wir armselige Selbstanbeter mit dem Wunsch, dass andere unsere Pläne und Aufträge fürs Leben übernehmen. Anstatt uns in Liebe zu Gottes Wort und im Gehorsam gegenüber seinen Geboten zu vereinen, sind wir in unsere eigenen Maßstäbe verliebt und halten andere dazu an, ihnen zu folgen. Anstatt das wirklich Gute für andere zu suchen, bieten sie uns Gelegenheit zu böser Nachrede, zum Maulen, Klagen, Unruhe stiften und sich über Gottlosigkeit zu verbünden, wenn wir meinen, dass uns das guttut.

Wenn dann die Schwierigkeiten des Mutterseins kommen, gefallen uns Antworten, die unseren Vorstellungen entsprechen. Wir hoffen auf Ermutigungen von Leuten, die nicht die tieferen Fragen unserer Herzen offenlegen.

Die göttliche Gemeinschaft in der christlichen Gemeinde ist dem Teufel besonders verhasst. Darum tut er alles, was er kann, um deren Schönheit zu zerstören. Er sorgt dafür, dass wir schnell das Mangelhafte feststellen und uns in die vermeintlich sichereren Gemeinschaften von Leidensgenossinnen zurückziehen. Er stellt infrage, was wir von älteren Frauen lernen könnten, deren Erfahrungen mit dem Muttersein zwanzig Jahre zurückliegen, oder welche Weisheiten wir von Single-Frauen in den Vierzigern sammeln könnten. Er versichert uns, dass unsere Evangeliums-Gemeinschaften viel zu festgefahren sind, um dort Verständnis zu finden, obwohl Gott weiß, dass wir dort für den erbitterten Kampf gegen die Sünde gestärkt werden können.

ERLÖSUNG: In der Gemeinde wird Gemeinschaft begründet

Zum Glück liebt Gott uns zu sehr, um uns für immer in zerbrochenen Gemeinschaften zurückzulassen, wo wir nach Antworten Ausschau halten, die außerhalb seines Plans für uns liegen. Wenn wir unsere Hoffnung auf Christi Tod und Auferstehung setzen, empfangen wir den Heiligen Geist und werden als Erben in Gottes Familie aufgenommen (vgl. Eph 1,5.13). Als Geschwister in Christus sind wir Teil dessen, was Gott in der weltweiten Gemeinde tut, doch sind wir auch berufen, an kleineren Gruppen von Gläubigen teilzuhaben, die eine vereinte Mission innerhalb örtlicher Gemeinden haben.

Gott hat örtliche Gemeinden gebildet, in denen wir als Angehörige ein und derselben Familie an einem unverwelklichen, unbefleckten Erbe teilhaben dürfen (vgl. 1Pt 1,4). Egal, ob in einer Untergrundgemeinde oder in einer Versammlung Tausender im Bibelgürtel[12] – wir kommen zusammen, um einander zu dienen und zu lieben und die Herrlichkeit Gottes darzustellen, bis Jesus wiederkommt (vgl. Eph 3,10). In den Evangelien sagt Jesus zu Petrus etwas Erstaunliches, was uns bewundernd innehalten lassen sollte: »… auf diesen Felsen werde ich meine Versammlung bauen, und die Pforten des Hades werden sie nicht überwältigen« (Mt 16,18). Jesus sagt nicht, dass unsere Stillgruppen oder Freundeskreise oder Facebook-Gruppen uns vor der Hölle bewahren werden – nein, er selbst wird es tun. Jesus liebt diese Gemeinde so sehr, dass er sie mit seinem Blut erkauft hat (vgl. Apg 20,28). Bringt das nicht auch Dich dahin, dazugehören zu wollen, um in Gottes größeren Auftrag eingebunden zu werden?

Die Gemeinde ist es, wo wir uns gegenseitig ermutigen, während wir darauf warten, dass Jesus wiederkommt. Sie ist die Familie, die beauftragt ist, für uns zu beten und die uns hilft, so zu leben, wie Jesus es fordert (vgl. Eph 2,20-22 und Kol 3,16). Selbst, wenn wir es nicht fühlen oder beim ersten Versuch schon erleben – die Wahrheit ist, dass Jesus seine Braut, die Gemeinde, so sehr liebt, dass er wiederkommen wird, um sie zu holen. Wir sollten sie ebenfalls lieben.

VOLLENDUNG: Christi Braut in ewiger Gemeinschaft

Vereinigungen gleichgesinnter Mütter ermutigen Dich manchmal, einfach durchzuhalten bis zum nächsten Gruppentreffen, Spiele-Nachmittag oder hilfreichen Artikel. Die Bibel hingegen spricht von einer lebendigen Hoffnung, die niemals abnimmt oder leer zurückkehrt. Diese Hoffnung beruht auf der Auferstehung und Wiederkehr Christi.

---

12 Anmerkung des deutschen Herausgebers: »Bible Belt«, also »Bibelgürtel«, bezeichnet in den USA ein Gebiet in den Südstaaten, in dem es vermehrt christliche Gemeinden gibt. In Deutschland erstreckt sich ein solches Gebiet über das Dreiländereck Hessen, Nordrhein-Westfalen und Rheinland-Pfalz.

Eines Tages werden wir mit der gesamten wahren Braut Christi, also der Gemeinde, gemeinsam Gottesdienst feiern. Die Erfahrungen all dieser Gläubigen werden Jahrtausende umspannen, und ihre Geschichten und Interessen werden bunter als Dein Instagram-Feed sein, zusammengehalten in der Person und in dem Werk Jesu. In diese Art von Gemeinschaft sollten wir jetzt schon investieren, weil sie ein Bild des Zukünftigen ist.

Überwältigt von der Schönheit der Gemeinde

Mein ältester Sohn liebt Kunst. Als er mit dem Malen anfing, hatte er seine Freude an einer einfachen Schachtel mit Malkreiden und Buntstiften. Er konnte sie gut gebrauchen und damit Monster, bunte Streifen auf Tiger und Regenbögen auf reines, weißes Papier malen. Er fand diese Werkzeuge großartig, weil er nicht wusste, dass es noch ganz andere Materialien gab.

Dann holte ich an einem verschneiten Morgen zu Hause ein Geschenk aus dem Keller – einen Künstlerkasten für Kinder. Diese geheimnisvolle Kiste enthielt mehr als nur Wachsmalstifte. Sie war gefüllt mit Pastellen, Bleistiften, Buntstiften, Wasserfarben und Zeichenkohle. Als ich den Deckel öffnete und die Sachen vor ihn hinstellte, jauchzte er vor Freude.

Er wollte gleich mit dem ganzen Inhalt arbeiten, doch er stellte schnell fest, dass diese Werkzeuge (so verschieden und schön sie waren) sich auch als sehr herausfordernd erwiesen. Als er besser damit umgehen konnte und Tiere mit strukturierten Haaren malte, den Himmel mit breiten Pinselstrichen einfärbte und kleine Details mit dünnen Stiften einzeichnete, merkte er, dass er jetzt üppigere und schönere Kunstwerke schaffen konnte. Noch immer benutzt er die Kreiden und Buntstifte, aber wenn der Künstlerkasten in Reichweite ist, ist das die Palette seiner Wahl.

Mein Sohn und die Wahl seiner Künstlerwerkzeuge erinnern mich an den Unterschied zwischen Mütterkreisen und örtlichen

Gemeinden. Mütterkreise bieten gute Gemeinschaft und praktische Ideen fürs tägliche Leben. Wie Kreide und Buntstifte sind sie in vielen Fällen großartig. Niemand schmeißt gute Buntstifte weg! Aber wir wenden uns fröhlich dem vollen Künstlerkasten zu, wenn wir Gottes Gedanken mit der Gemeinschaft in der örtlichen Gemeinde verstehen.

Ein Bild der Evangeliumsgemeinde: Lieben und geliebt werden

Als ich die Entwicklungsstörungen meines jüngeren Sohnes verarbeitete, erkannte, dass er besondere Bedürfnisse haben würde und ihn im Geiste schon in seinem Rollstuhl sah, habe ich mich oft gefragt, an wen ich mich wenden sollte. Unterstützergruppen online liefern nützliche und praktische Texte über Kinder mit verschiedenen Behinderungen.

Andere Mütter in meiner Stadt haben auch Kleinkinder, die nur schwer gehen und sprechen lernen, und sie geben oft weise Ratschläge. Ich glaube nicht, dass ich bald aufhören werde, sie herzlich zu umarmen, wann immer ich sie sehe.

Aber tief in meinem Herzen spüre ich einen brennenden Schmerz, den keine noch so leidgeprüfte Mutter löschen kann. Wenn ich weiß, dass uns eine besonders schmerzliche Besprechung mit unserem Arzt bevorsteht, betet meine Kirchenfamilie für uns. Wenn der Arzt eine schlechte Nachricht für mich hat, kommt jemand aus der Gemeinde vorbei und weint mit mir. Wenn mich die wöchentlichen Sprechstunden fertig machen, ermutigen mich meine Freunde aus der Gemeinde, indem sie mich an Gottes Treue erinnern. Diese guten Leute helfen mir, standhaft gegen Mutlosigkeit und Zweifel zu bleiben.

Bei all diesen Dingen haben mein Mann und ich gelernt, dass Gottes Plan für Gemeinschaft in der örtlichen Gemeinde nicht in jedem Fall wie die offensichtliche Antwort auf unsere akute Not erscheint, aber trotzdem reichliche Fürsorge bietet. Wenn wir bereit sind, verwundbar gegenüber den Schwierigkeiten des Lebens zu bleiben, können uns andere mit Mahlzeiten, Besuchen, Bibeltexten, aber auch mit fröhlichem Lachen eine Hilfe sein.

Vielleicht denkst Du: »Das klingt wunderbar, aber ich habe versucht, mich in meiner Gemeinde einzubringen, doch niemand hat auf meine SMS-Nachrichten reagiert. Meine Müttergruppe schreibt mir sofort zurück! Außerdem gibt es keine weiteren jungen Mütter in meiner Gemeinde, und die älteren Ehepaare sind völlig außer Reichweite und scheinen nichts in die jüngeren Leute investieren zu wollen. Außerdem habe ich im Moment überhaupt keine Kapazitäten, andere Leute kennenzulernen.«

Vielleicht hast Du recht. Ich bin mir sicher, dass Du völlig richtig festgestellt hast: Es gibt manche Dinge, die mit Gottes Ideal für eine christliche Gemeinde nichts zu tun haben. Keine Kirchengemeinde voller erlöster Sünder wird Dich in Vollkommenheit lieben. Wahrscheinlich äußern sie nicht sofort ihr Mitleid, wenn Deine Kinder nachts aufwachen, aber dann kommt ein anderer wunderbarer Teil des gemeindlichen Zusammenlebens zum Tragen: der Teil, wo wir lernen, andere zu lieben, weil wir eins in Christus sind, selbst wenn es nicht bequem und angenehm für uns ist.

Wir leben aus dem Evangelium, wenn wir unser Leben aus Liebe zu den Heiligen hingeben, indem wir diese als Mitteilhaber an der Gnade in unseren Herzen tragen (vgl. Phil 1,7-8). Die Hingabe Christi zeigt sich in unserem Leben, wenn sie uns dahin bringt, für Geschwister zu beten, wenn wir hören, dass sie Schwierigkeiten mit der Zuweisung eines Pflegekindes haben. Wir laden die Alleinstehenden zum Essen ein, damit sie mit unseren Kindern lachen und spielen können. Wir fragen die älteren Mitglieder unserer Gemeinde nach ihren Lebenserfahrungen. Wir unterstützen Missionare und beten mit unseren Kindern für sie. In der örtlichen

Gemeinde lernen wir: »Im Glauben sind wir verbunden, nicht in der Erfahrung.«[13]

Gott hat uns viele barmherzige Kanäle für unsere Beziehungen und Gemeinschaften geschenkt. Diese beinhalten manchmal Gleichgesinnte, aber sein umfassendster, schönster, hilfreichster und hoffnungsvollster Plan ist eine lebendige Gemeinschaft der Heiligen. Das ist keine Gruppe von nur Armen oder nur Beinen (gleichgesinnte Anhängsel, die alle dasselbe machen), sondern es ist ein komplexer lebender Organismus, in dem jeder persönlich Gott verehrt und andere liebt, die ebenfalls dem Haupt dienen, welches Christus ist.

Liebe Mama, genieß Deinen Mütterkreis, aber finde den wahren Segen – *Deine wichtigste Gemeinschaft* – in der örtlichen Gemeinde!

DISKUSSIONSFRAGEN:

1. Was erwartest Du als Mutter von einer Gemeinschaft, und wie stimmt dieses Bild mit Gottes Plan für Gemeinschaft überein?

2. Widerspiegeln Dein Herz und Deine Taten Christi Herz für seine Gemeinde? Auch wenn manches fehlerhaft ist: Was macht letztlich die Gemeinde schön und fruchtbar?

3. Auf welche Weise kannst Du – selbst in der arbeitsreichen Zeit der Mutterschaft – Gelegenheiten finden, Dich in der Gemeinde einzubringen?

---

13 Dietrich Bonhoeffer: *Gemeinsames Leben*, S. 22.

14

DAS EVANGELIUM UND UNSER DIENST

Laura

In der Zeit vor den Kindern war die Lasagne komplett hausgemacht. Aber heute helfen eine Dose Tomatensoße, vorgekochte Nudeln und geriebener Mozzarella. Meine Kinder stehen auf ihren Hockern am Küchentisch und fragen, ob sie die Soße gießen dürfen, zerbrechen die rohen Nudeln und schauen zu, wie sie durch die Küche fliegen und bitten mich unaufhörlich darum, die Käsemischung rühren zu können. Ich sage ihnen, dass sie das nur der Reihe nach machen dürfen, die Nudeln in Ruhe lassen und nicht sämtlichen Käse essen sollen, weil wir noch genug für eine andere Familie brauchen.

Irgendwie kommt die Lasagne doch noch in einem Stück in den Ofen, und wir machen uns an die Kekse. Diese bilden meistens die größte Hürde in dem Projekt. Die Kinder stellen für mich den Mixer an und aus. Wenn er angeschaltet wird, läuft er so schnell, dass das Mehl aus der Schüssel und auf meine Bluse fliegt. Zu ihrem großen Missvergnügen lasse ich sie jeder nur einen Keks essen. »Die sind für die Hardens«, sage ich ihnen. »Die Mutter hat gerade ein Baby bekommen, und dieses Essen hilft ihr, gut für ihre übrige Familie sorgen zu können.«

Sobald alles fertig ist, packen wir Papierteller, Trinkpäckchen, Fertigsalat und noch ein paar andere Sachen ein und laufen schnell zum Auto. Damit fahren wir quer durch die Stadt und bringen das Mittagessen zu einer Familie, die unserer gar nicht so unähnlich ist – vor ein paar Wochen bekamen sie ihr viertes Kind. Während die Kinder und ich den Gartenweg entlanggehen, stellen sie Fragen: »Dürfen wir bei denen spielen? Wem gehört das Haus? Warum dürfen wir die Kekse nicht essen? Kann ich ein Trinkpäckchen haben? Warum sind wir hier?« Ich beantworte so viel ich kann, während ich das Mittagessen und das Baby auf meinen Armen balanciere, was bedeutet, dass ich einige Male zwischen dem Auto und dem Haus hin- und herlaufen muss. Wir klingeln an der Tür, laden das Essen ab und plaudern ein paar Minuten mit der Familie. Dann geht's zurück zum Auto und ich packe die Kinder wieder ein, nur um wieder mit Fragen überhäuft zu werden.

Dabei erzähle ich ihnen, dass Familien manchmal besondere Hilfe brauchen. Manchmal ist es wegen schwieriger Dinge wie Krankheiten oder Körperbehinderungen und manchmal wegen ganz großartiger Dinge wie der Geburt eines Kindes oder einer Adoption. Ich erkläre ihnen, dass wir Menschen liebhaben können, weil Jesus uns zuerst geliebt hat, und dass er den Leib Christi, die Gemeinde, so geplant hat. Und dass wir großzügig mit den guten Gaben umgehen wollen, die Gott uns gegeben hat und sie zum Segen für andere benutzen möchten.

Ich sage all das mit unvollkommenen Worten. Ich werde oft unterbrochen, suche nach Worten und verspreche mich. Die Kinder werden müde, weil es Zeit für den Mittagsschlaf wird. Ich bin müde, weil diese Sache den ganzen Vormittag gekostet hat, und ich muss heute noch viel tun. Aber ich weiß, dass sich das lohnt. Denn obwohl dieser Dienst mit kleinen Kindern im Schlepptau mühsamer ist als ohne sie, vertraue ich darauf, dass Gott ihn benutzt, um Großzügigkeit, Freundlichkeit und Selbstlosigkeit in ihre Herzen zu pflanzen. Ich vertraue darauf, dass Gott es gebraucht, um ihnen zu zeigen, auf welche Weise wir spürbar die Hände und Füße Christi sein können.

Die Botschaft des Zeitgeistes: Bleib oder diene – Du kannst nicht beides tun

In den Jahren mit kleinen Kindern braucht man nicht aus der Tür zu treten, um Nöte zu finden, deren man sich annehmen müsste. Sie sind rings um einen her, die Mini-Menschen, die durch die Flure rasen, die vierseitigen Krankenhausrechnungen auf Deinem Schreibtisch und die hohen Wäscheberge im Schlafzimmer. Die Nöte sind real, und sie sind ganz gewiss so groß, dass Du manchmal glaubst, sie nicht bewältigen zu können.

Zur gleichen Zeit ist es klar, dass der Rest der Welt auch Nöte hat. Man braucht nur den Fernseher anzuschalten, auf sein Handy zu gucken, mit dem Nachbarn zu reden oder der Freundin zuzuhören, und schnell wird man daran erinnert, dass es überall Nöte gibt.

Als Mütter neigen wir dazu, die Nöte auf zwei unterschiedliche Weisen anzugehen. Manche von uns stürzen sich hinein und versuchen, so viel wie möglich in Ordnung zu bringen. Wir wissen, dass die Nöte der Welt sich nicht von selbst erledigen, und tun gerne ein gutes Werk – manchmal so ausgiebig, dass es auf Kosten der Familie geht. Dann beruhigen wir unser schlechtes Gewissen mit dem Gedanken, dass anderen zu helfen sehr wichtig ist. »Mein Mann und meine Kinder können für sich selbst sorgen. Wenn wir nichts gegen die Nöte tun, wer dann?«

Außerdem gibt es ein gutes Gefühl, produktiv zu sein und etwas Ehrenvolles fertig zu bekommen. Mit solchem Dienst erreicht man oft sofortige Ergebnisse, im Gegensatz zu den nie endenden Aufgaben zu Hause. Der Vorratsschrank ist gefüllt, das Essen fertig und vorgesetzt. Der Ausflug ist geplant, ausgeführt und zu Ende gebracht. Ein Bonus ist außerdem, Leuten zu helfen, die tatsächlich für unsere Fähigkeiten und Großzügigkeit dankbar zu sein scheinen. Es ist eine nette Abwechslung zu dem, dass man die eigenen Kinder immer und immer wieder auffordern muss, für jede Schnabeltasse Milch Danke zu sagen.

Andere fragen sich, wie wir als Mütter außerhalb des Hauses etwas erreichen wollen, wenn wir nicht einmal unsere Spüle von dreckigem Geschirr frei halten können. Also bleiben wir zu Hause und wagen es nicht, über den Tellerrand zu schauen. Innerhalb unserer vier Wände gibt es genug Unerledigtes. Wir sagen uns, dass Babys und Kleinkinder Dienst genug sind. Irgendwer wird sich schon um die anderen Nöte kümmern. Jemand, dem das am Herzen liegt, der auch mehr Zeit hat und mehr Schlaf bekommt – und der das sowieso besser kann.

Damit beruhigen wir uns, denn aus unserer Komfortzone herauszukommen, mit fremden Leuten zu reden, Fähigkeiten einzusetzen, von denen wir glauben, sie noch nicht gut genug zu beherrschen, früher als sonst aufzustehen – all diese Dinge sind schwer. Hinzu kommt, dass Kinder nicht vorhersehbar sind, weshalb wir sie beim Dienst nicht immer mitnehmen können. Ehrlich gesagt möchten wir uns auch keine zusätzliche Arbeit machen. Also ignorieren wir die Nöte da draußen. Wenn wir einfach so tun, als seien sie nicht da, brauchen wir uns auch nicht um sie zu kümmern – oder?

Die Schwierigkeiten innerhalb und außerhalb des Hauses sind wirklich groß, aber das Evangelium fordert uns auf, die Augen weiter aufzumachen und nicht eine Seite der anderen vorzuziehen. Wie Jesus seine Jünger aufforderte, müssen auch wir bis zu seiner Wiederkunft unsere Lampen brennend halten (vgl. Lk 12,35). Wir sind nicht berufen, unsere Lampen zu löschen, wenn wir Kinder haben, noch sollen wir sie nur anzünden, wenn wir das Haus verlassen. Wir sollen unser Feuer brennend halten, und unseren Kindern beibringen, wie man das macht.

Die Botschaft des Evangeliums

SCHÖPFUNG: Zum Dienst erschaffen

Das 1. Buch Mose berichtet uns, dass Gott Adam in den Garten setzte, »ihn zu bebauen und ihn zu bewahren« (1Mo 2,15). Im hebräischen Original bedeutet das Wort »bebauen« auch »bedienen«. Das Wort umfasst auch den Gedanken, anderen Menschen zu dienen, sich also zum Diener zu machen. Adam sollte Gott dienen, indem er das Paradies bewahrte, dort alles in Ordnung hielt und schlicht und einfach hart arbeitete. Gott schuf Eva zu einer »Hilfe« (vgl. 1Mo 2,18). Sie sollte also genau das tun, was das Wort ausdrückt: Sie sollte für Adam eine wesentliche und notwendige Helferin sein bei der Arbeit, mit der Gott Adam beauftragt hatte. Adam konnte es ohne sie nicht schaffen.

Damals musste im Paradies vieles erledigt werden: Der Boden musste kultiviert, die Ernte eingebracht und die Tiere versorgt werden. Adam und Eva hatten also eine Menge zu tun. Weil die Sünde noch nicht in die Erde eingedrungen war, konnten die beiden alles schaffen. Die schrecklichen Nöte von heute lagen in weiter Ferne.

SÜNDENFALL: Harter Dienst

Schließlich zweifelten Adam und Eva Gottes Güte und seinen Plan für Arbeit und Dienst an. Darum aßen sie von der verbotenen Frucht in der Hoffnung, etwas Besseres zu erlangen. Doch es war nicht besser, nur bitter. Ihr Zweifel riss sie und die gesamte Schöpfung in eine raue und zerbrochene Stellung. Aus dem Paradies verbannt, waren Adam und Eva zum ersten Mal nicht mehr in der Lage, die ihnen auferlegten Pflichten zu erfüllen. Sie lernten Krankheit, Schmerzen, Mühe und Schweiß kennen. Die Nöte waren groß, und mit manchen wurden sie nicht fertig.

Wegen des Sündenfalls haben wir Waisen und Witwen. Viele Leute sind arm, hungrig und vertrieben. Wir haben psychische Krankheiten und physische Krankheiten, gebrochene Knochen und gebrochene Herzen. Die Sünde durchdringt alles und findet ihren Weg zu allem, was lebt. Und nicht nur das: Die Sünde ist in die Erde eingedrungen, die unter der Last des Fluches bebt und seufzt. Land und Meer, Pflanzen und Tiere – alles ringt und kämpft ums Überleben.

Auf dem Papier würden wir nicht unbedingt alle als arm und verwundbar eingestuft werden, aber die Sorgen bleiben nicht einfach außerhalb unserer vier Wände. Die verdrehten Fangarme der Sünde gelangen auch in unsere Häuser. Wir werden zwischen dem Dringenden und dem Wichtigen hin- und hergerissen und keins von beiden erhält die notwendige Aufmerksamkeit. Unsere Kinder brauchen uns, unsere Gärten brauchen uns, unsere Schulen brauchen uns, unsere Waschmaschinen brauchen uns.

Die Anforderungen können einen so fest im Griff haben, dass man kaum mehr aus dem Fenster schauen will, weil man Angst hat, alles, was man mühsam versucht, am Laufen zu halten, könnte den Bach runtergehen. Außerdem könnten noch mehr Leute einen um Hilfe fragen. Die Sünde schnürt unsere Herzen zu, sodass wir nicht aufzublicken wagen und nur das Unumgängliche tun, weil wir Angst vor dem haben, was wir sehen würden, wenn wir den Mut hätten, ein Auge nach draußen zu werfen.

Manche von uns machen auch den Versuch, den drängenden Nöten der Familie zu entfliehen und träumen davon, etwas Bedeutenderes in dieser Welt zu vollbringen. Dann strengt man sich über die gesunden Grenzen an und ergreift jede sich bietende Gelegenheit auf Kosten der Kinder, des Ehemanns und der nötigen Fürsorge für sich selbst. Dann spielt man Gott und will die Nöte der Welt regeln. Man handelt wie ein Übermensch und ist doch nur ein schlichter Erdling.

ERLÖSUNG: Das Opfer eines Dieners

Nur einer war nicht wie die anderen. Er gehörte nicht zu dem verlorenen Geschlecht. Jesus stellte die Welt auf den Kopf – oder besser: Er stellte sie wieder auf die Füße. Er verdient unser aller Dienstbereitschaft, doch er »ist nicht gekommen, um bedient zu werden, sondern um zu dienen und sein Leben zu geben als Lösegeld für viele« (Mk 10,45; Mt 20,28). Jesus ist der König des Universums. Er spricht und der Wind gehorcht ihm; er berührt Augen und der Blinde kann sehen; er geht und das Wasser trägt ihn; er schläft und hat auch dann alle Fäden fest in der Hand. Dieser allmächtige, allgenugsame, allwissende Gott-Mensch kam, um uns zu dienen. Das ist wahrlich unbegreiflich.

Als Jesus über diese Erde ging, waren die Nöte sehr groß. Die Leute kamen zu ihm, einer nach dem anderen – im Tempel, auf den Straßen, auf dem freien Feld, am See, sogar durchs Dach. Und anstatt sich abzuwenden und wegzuschauen, ging er selbst auf sie zu und offenbarte sein erbarmendes Herz und seine großmütige Gnade, seine Barmherzigkeit, Freundlichkeit und überfließende Liebe. Er liebte die Bedürftigen, die Verwundbaren, die Unliebsamen. Schließlich diente uns Christus auf die allergrößte Weise, indem er einen qualvollen Tod an einem römischen Kreuz erlitt. Dort gab er sein Leben für uns: die Armen, Abhängigen und Zerbrochenen.

Und bis heute setzt Christus seinen Dienst für uns fort (vgl. Hebr 7,25). In seiner Kraft und indem wir seinem Beispiel folgen, werden wir zu einem Bild seines liebenden Herzens für hilflose Leute, indem wir dienen, auch wenn es viel kostet und unbequem ist. Durch ihn haben wir den Heiligen Geist (vgl. Joh 14,26), der uns neue Augen für die Verlorenen, ein weiches Herz für die Verwundeten, mutigen Einsatz für das Unbekannte und Ausharren gibt, wenn das Leben schwer wird. In unserem Dienst steckt Anbetung und Dankbarkeit für alles, was Gott für uns getan hat. Je mehr wir von ihm abhängig werden und uns unserer Grenzen bewusst sind, umso mehr zeigt er uns seine Allgenugsamkeit.

VOLLENDUNG: Der Diener als König

Nicht nur jetzt ist Christus unser Diener; er wird den Dienst bei seinem zweiten Kommen bis in alle Ewigkeit fortsetzen. Als Jesus mit seinen Jüngern darüber sprach, für sein Kommen bereit zu sein, sagte er ihnen, er werde fortfahren, ihnen zu dienen, wenn sie zu ihm ins Paradies kämen (vgl. Lk 12,37). Derselbe Christus, der mit himmlischen Heerscharen und Feuer zurückkommt (vgl. 2Thes 1,8 und Offb 19,14), wird uns weiterhin und bis in alle Ewigkeit dienen.

Anderen zu dienen ist eine gute Schule für unsere Kinder

Ich sah sie den Flur heraufkommen, ehe sie mich sah, und hatte das Gefühl, sie würde mich gleich um etwas bitten, was mir nicht gefiel. Als sich unsere Wege kreuzten, grüßten wir einander und unterhielten uns kurz, aber dann kam es: »Kannst du nächste Woche auch zu der Veranstaltung kommen? Ich suche noch jemanden, der am Willkommenstisch hilft.«

Eigentlich hatte ich wirklich keine Lust dazu. Es würde bedeuten, 45 Minuten früher dort zu sein und gutgelaunt und tatkräftig aufzutreten, wo ich mich doch so müde fühlte und ich dadurch die Gelegenheit versäumte, mich bei einigen Freundinnen zu erholen. Jetzt würde ich Namensschilder an Pullover kleben und den Leuten sagen, wo sie die Toiletten finden könnten – nicht gerade meine Idealvorstellung eines kinderfreien Abends.

Ich willigte ein und wünschte aber, sie hätte eine andere gefragt.

Denken wir nicht oft genau so über den Dienst? Wir hoffen und beten, dass jemand anders die Lücke füllen kann. Oder vielleicht bist Du eher die Art von Person, die sich gedrängt fühlt, alle Lücken zu füllen und die bei jeder Gelegenheit Ja sagt, obwohl sie gar nicht die Kapazitäten hat.

Egal in welche Richtung Du gehst, die Bibel bietet Hoffnung an. Für Gläubige ist das Dienen keine freiwillige Angelegenheit.

Christus befiehlt uns, ihn und auch andere zu lieben (vgl. Lk 10,27). Und damit sind auch die Verletzten, die Armen, die Fremden und die wenig Liebenswerten gemeint. Das bedeutet nicht, wir müssten eine Ausbildung als Beraterin haben, um mit der Mutter von nebenan zu sprechen, oder ein dickes Bankkonto, um die örtliche Gemeinde zu unterstützen. Wir müssen auch nicht unbedingt »gut mit Kindern können«, um im Kindergottesdienst mitzuhelfen. Allerdings haben wir als Mütter gleichzeitig eine entscheidende Möglichkeit, unseren Kindern und der Familie zu dienen. Das heißt: Wir müssen zu manchen wertvollen und lohnenden Möglichkeiten und Fällen Nein sagen, um für diejenigen zu sorgen, die Gott uns als Allernächste anvertraut hat.

Auf diese Weise dienen wir unserer Familie *und* solchen, die außerhalb der Familie stehen. Wir können das eine nicht ohne das andere haben. Unsere Berufung als Nachfolgerinnen Christi zeigt unseren Kindern, dass Gott zu lieben auch bedeutet, die anderen zu lieben. Beides gehört zusammen. Diese Kleinkinderjahre sind ein Übungsfeld für unsere Kinder, eine Startbahn, auf der sie zu verstehen lernen, wie ein ganzes Leben Gott gemäßen Dienstes aussieht. Vieles davon wird Dein Beispiel bewirken, wenn Du den Kindern zeigst, was Nächstenliebe bedeutet – sowohl innerhalb als auch außerhalb der Familie.

Fürs Evangelium brennen

Das Großartige am Dienen ist, dass es viele Formen annehmen kann. Manchmal helfen uns die Kinder (klar, sie helfen uns *auf ihre Art*). Vielleicht passen wir auf die Kinder einer Freundin auf, während sie zu einem Termin geht, bringen Windeln zu einem örtlichen Frauenhaus, arbeiten für den Gemeindebasar, während die Kinder Mittagsschlaf halten, oder wir hüten Kinder im örtlichen Kinderheim. Manchmal lassen wir auch unsere Kinder zurück, wenn wir in unserer Gemeinde Dienst tun, beraten eine Schwangere, wenn sie Bedarf hat, oder nehmen innerhalb unserer sonstigen Tätigkeit an einem Hilfsprojekt teil. Dabei können wir nur hoffen und beten, dass wenn die Kinder sehen, wie ihre Mutter sich für andere verausgabt, sie mit der Zeit eine Vorstellung davon bekommen, was es heißt, für das Evangelium zu brennen.

Schwierig dabei ist, dass niemand sagen kann, wie viel Dienst für Dich angemessen ist. Das Maß ist für jeden anders und kann nur dadurch herausgefunden werden, dass wir unser Herz erforschen und unsere Zeit und unsere Wünsche unter Gebet an Gott ausliefern. Wenn man dazu neigt, den Dienst an denen zu vermeiden, die außerhalb unserer engsten Familie sind, sollte man bedenken, dass Gottes Herz für die Abhängigen und Notleidenden schlägt und ihm, dem höchsten Dienstherrn, vertrauen, er werde alle unsere eigenen Bedürfnisse befriedigen, wenn wir uns im Glauben der Nöte unserer Nächsten und der Gemeindemitglieder annehmen. Wenn Du hingegen dazu neigst, Dich immer als Erste zu melden, während Deine Kinder Dich fragen, wann Du Zeit für sie hast, vertraue darauf, dass Gott es ist, der letztlich alle Bedürfnisse stillt. Man darf auch manchmal Nein zu manchem sagen, damit man in diejenigen Zeit investieren kann, die mit uns im Haus wohnen.

Manche müssen kürzertreten und manche müssen sich eifriger einsetzen. Es wird Zeiten geben, in denen der Terminkalender voll ist mit allen möglichen Arten von Diensten, und es gibt andere Zeiten, in denen ein ermutigendes Gespräch mit dem Nachbarn nach der Arbeit wirklich das Einzige ist, was Du leisten kannst. Bei all dem brennt Deine Lampe. Denn was Gott von uns möchte, ist Treue im ganz alltäglichen Leben, und nicht eine gewisse Anzahl an Dienstprojekten oder die perfekte Ausführung einer Aufgabe. Er möchte, dass wir die Nöte rings um uns her wahrnehmen, um dann die guten Gaben, mit denen er uns ausgestattet hat, anzuwenden, um anderen zu dienen, wie er uns gedient hat.

DISKUSSIONSFRAGEN:

1. Neigst Du mehr dazu, Deiner Familie oder anderen zu dienen? Inwiefern stimmen Deine natürlichen Tendenzen mit Gottes Berufung zum Dienst überein?

2. Du bist nicht durch Deine Werke gerechtfertigt geworden. Auf welche Weise befreit Dich dieses Bewusstsein von dem Versuch, Gunst zu erwerben oder unter dem Dienen zu leiden?

3. Auf welche speziellen Weisen kannst Du Christi Leben als Dienerin heute nachahmen? Wie sähe es aus, wenn Du diese Art von Dienst als Übungsfeld für Deine Kinder benutzen würdest?

15

DAS EVANGELIUM UND DIE SORGE UM UNS SELBST

Emily

Als frisch Verheiratete war unsere erste große Anschaffung ein erstklassiger Laptop. Neben unseren in die Jahre gekommenen Autos war er unser teuerster Besitz. Ich hatte als Laptop-Besitzerin noch wenig Erfahrung, und mitten in der Beantwortung einer E-Mail oder in einer Bestellung erhielt ich die Meldung, es gäbe neue Updates. Ich fand es umständlich, mitten in meiner Arbeit den Laptop neu zu starten, also klickte ich auf »Morgen erinnern«.

Diese Erinnerungen schob ich Monate und dann Jahre hinaus, bis sie schließlich von lästig zu lähmend wurden. Als Laura und ich einen Podcast per Videoanruf aufnehmen wollten, stürzte mein Computer einfach ab. Als ich Microsoft Word nutzen wollte, um einen Text zu verfassen, bewegte sich meine Maus plötzlich nicht mehr. Als ich einige Bilder für ein Weihnachtsgeschenk hochladen wollte, gab mir mein Browserfenster nur eine Fehlermeldung.

Schließlich hörte der Computer ganz auf zu funktionieren. Unsere (okay, eigentlich *meine*) Nachlässigkeit, die regelmäßig empfohlenen Updates zu machen, hatte wahrscheinlich etwas mit seinem endgültigen Ableben zu tun.

Nach acht Jahren Ehe kauften wir wieder einen erstklassigen Laptop, und diesmal war ich entschlossen, ihn sorgfältig zu behandeln. Als daraufhin nach zwei Tagen die kleine Notiz »Neues Update verfügbar« auf dem Bildschirm erschien, klickte ich auf »Jetzt installieren«, anstatt auf »Morgen erinnern«. Diese neue Betrachtungsweise der Laptop-Wartung verdankte ich der Erkenntnis, dass man die Instandhaltung nicht vernachlässigen darf.

Leider habe ich diese Lektion auch in meiner Mutterschaft auf die harte Weise lernen müssen. Fast genauso wie ich meinen ersten Laptop behandelte, gehe ich oft mit meinen menschlichen Bedürfnissen um und denke: »Ich habe jetzt keine Zeit auszuruhen, vielleicht morgen«. Ich denke dann, meiner Familie im Augenblick mehr von mir zu geben, aber am Ende bin ich nur eine sehr bescheidene Hilfe. Als ein leerer Becher habe ich nichts für solche zu geben, denen ich zu dienen berufen bin.

Die Botschaft des Zeitgeistes: Hätte ich nur mehr Zeit für mich

Jeder weiß, dass Mütter überarbeitet sind und dass sie davon profitieren würden, wenn sie mehr auf ihre eigenen Bedürfnisse achtgäben. Aber die Welt erzählt uns, unsere Bedürfnisse hätten ihre Ursache in den Anforderungen unserer Rolle. Wir verdienen »Zeit für uns« durch unser Geschirrspülen, Wäschebügeln und stundenlanges Spielen mit unseren Kleinen, und weil wir unsere Bedürfnisse der Sorge für unsere Familie opfern. Wir haben Nöte, weil sie welche haben.

»Self Care« umfasst Dinge, die wir tun, um Geist, Körper und Seele gesund zu erhalten. Dazu kann gehören, einen Roman zu lesen, ein Bad zu nehmen, regelmäßig Sport zu machen, Geld für sich auszugeben, ein Dankestagebuch zu führen, etwas zu backen, eine spezielle Diät zu machen, durch die Stadt zu bummeln, einen Wellness-Tag mit den Freundinnen zu verbringen, sich ein Mittagsschläfchen zu gönnen, auf Reisen zu gehen, oder in bewusster Weise einem Hobby nachzugehen. Einige dieser Maßnahmen entspringen der schlichten Notwendigkeit, andere dem Wunsch nach Entspannung. Methoden der »Self Care« sind zutiefst persönlicher Natur und variieren stark.

Unsere Herzen neigen zu dem Gedanken, dass, wenn wir nur mehr Zeit für uns hätten – indem wir zusätzliche Babysitter einstellen, um unsere Workouts zu schaffen, unser Gemüse zu essen, unser Make-up aufzutragen, Mittagsschlaf zu machen oder unseren Latte macchiato in Ruhe zu trinken – das Muttersein vielleicht nicht eine solche Last wäre.

Aber jede Mutter, die versucht hat, die rechte Balance bei der »Zeit für sich« aufrecht zu halten, wird Dir sagen, dass es so ist wie eine Handvoll Sand festzuhalten. Viele Mütter haben festgestellt, dass niemand (sei er auch noch so behütet) ausreichenden Seelenfrieden in noch so sorgfältig gestalteten Umständen finden kann.

Die Botschaft des Evangeliums

SCHÖPFUNG: Mit Bedürfnissen erschaffen

Der Zeitgeist sagt uns, wir bräuchten »Self Care«, weil unsere Kinder unsere Zuwendung nötig haben, doch der Schöpfungsbericht sagt uns, wir brauchen Fürsorge, weil Gott uns so erschaffen hat. Adam und Eva hatten im Paradies reichliche Versorgung, und doch hatten sie laufend Bedürfnisse. Sie mussten essen. Sie mussten schlafen. Sie brauchten Gemeinschaft mit Gott und miteinander. Bedürfnisse gab es schon vor dem Sündenfall, und damit gehören sie zu Gottes gutem Plan. Damals wie heute erinnern sie uns an unsere Beschränkungen und daran, dass Gott allein Gott ist und nicht wir selbst. Wir sind die zerbrechlichen Geschöpfe eines unbezwingbaren Schöpfers.

Hinzu kommt, dass Gott uns mit der Fähigkeit zum Genießen erschuf. Er sorgt nicht nur für unsere grundlegenden leiblichen Nöte, sondern gibt uns sogar Nahrung, die wir genießen können und Beziehungen, an denen wir uns erfreuen. Das Leben birgt Augenblicke völliger Schönheit. Kein Wunder, dass wir unsere Bedürfnisse erfüllt haben wollen, *und dann noch mehr*!

SÜNDENFALL: Die Suche nach Erfüllung unserer Bedürfnisse

Obwohl Gott für die Bedürfnisse und Freuden seiner Menschen im Paradies gesorgt hatte, entfachte Satan die Flamme der Unzufriedenheit. Er stellte Gottes Grenzen infrage und ermutigte Eva, Gott in seiner Weisheit und Erkenntnis ähnlich sein zu wollen (vgl. 1Mo 3,5).

Nachdem Adam und Eva gesündigt hatten – indem sie Gott ungehorsam waren, weil sie ihm gleich sein wollten –, erlebten sie ein völlig neues Gefühl: Sie brauchten jetzt eine Bedeckung. In dem Versuch, dieses Problem selbst in die Hand zu nehmen, machten sie sich aus Feigenblättern eine unzureichende Kleidung und verbargen sich schamvoll vor Gott (vgl. 1Mo 3,7). Aber wie es für alle zukünftigen Sünder der Fall sein würde, konnte ausreichende Bedeckung nur durch das Vergießen unschuldigen Blutes erreicht werden (vgl. 1Mo 3,21). Das konnte nur Gott selbst tun.

Wir handeln wie Adam und Eva, wenn wir stolz versuchen, jenseits der uns bestimmten Begrenzungen zu leben. Wir wollen wie Gott sein – allwissende, alles erhaltende, auf Schlaf verzichtende, sich für unsere Lieben selbst aufopfernde Übermenschen, indem wir uns irgendwie für etwas Besonderes halten. Vielleicht denken wir aber auch wie Adam und Eva, dass wir die Lösung für unsere Nöte und Wünsche ohne Gottes Fürsorge finden können. Wir umgehen die Freude des Seelenfriedens, während wir uns jeder Form von Bewältigungsmaßnahmen zuwenden – der großen Tasse

Tee, dem Friseurbesuch, den Workouts im Fitnessstudio. Anstatt die Dinge als gute Gaben von Gott zu genießen, sehen wir in ihnen nur die mögliche Lösung für unsere tiefere Erschöpfung.

Die Wahrheit ist aber, dass wir nicht so viel trinken können, dass unsere Seele befriedigt wird, und wir uns auch nicht so gut kleiden können, dass wir tadellos vor Gottes Thron erscheinen könnten. Selbst wenn wir in diesem Leben gesund und glücklich wären, könnten wir doch nie die ewige Schuld wegen unserer Sünden gegen Gott bezahlen, oder uns ewiges Leben geben.

ERLÖSUNG: Christus hilft in allen Nöten

Als Jesus in der Wüste geprüft wurde, verdrehte der Satan Gottes Worte wieder einmal, weil er hoffte, Jesus würde eine schnelle Lösung seiner Bedürfnisse annehmen. Aber obwohl Jesus hungrig und müde war, glaubte und gehorchte er Gott, indem er auf die Versorgung durch seinen Vater vertraute (vgl. Mt 4,1-11).

In seinem Leben und Dienst gab uns Jesus ein Beispiel für »Self Care«, indem er alle seine menschlichen Bedürfnisse und Wünsche in den Kontext des Willens seines Vaters einordnete. Jesus machte Pausen, nahm sich Zeit zum Essen mit seinen Freunden und für friedlichen Schlaf, hielt Gemeinschaft mit Gott und pflegte Beziehungen. Manchmal verwirrte er seine Jünger, die ihn suchten, weil es schien, als gäbe es noch vieles zu tun (vgl. Mk 1,35-39). Wie konnte Jesus ruhen, wenn es so aussah, als müsse er arbeiten? Er vertraute auf Gott.

Und manchmal verwirrte Jesus seine Jünger, indem er anderen diente, wenn es eigentlich an der Reihe war, ihn zu bedienen. Selbst wenn Jesus hungerte, oder wenn die Situation unangenehm wurde, oder wenn er erschöpft war, bückte er sich, um den Leuten die Füße zu waschen. Und legte den Leidenden die Hände auf. Warum war Jesus in der Lage, seine Rechte auch dann hintanzustellen, wenn es so aussah, als benötige er eine Pause? Er vertraute auf Gott.

Durchgehend sehen wir, wie Jesus in den Beschränkungen eines menschlichen Körpers treu den Willen seines Vaters erfüllte.

Jesus zeigt uns, dass es bei »Self Care« nicht darum geht, die richtige Ausgewogenheit und irdisches Glück zu finden oder alles Wünschenswerte zu besitzen, oder gar unser Leben zu verlängern. Ganz im Gegenteil geht es darum, dass wir unser Leben in treuem Gehorsam verlieren. Wir können seinem Beispiel folgen und ihm unsere notwendigen Bedürfnisse und auch alles Gute anbefehlen, weil er uns versteht. Er wird uns einen Helfer senden.

VOLLENDUNG: Endgültige und vollständige Ruhe kommt noch

Eines Tages, wenn Gottes Reich in ganzer Fülle hereinbricht, werden wir uns nicht mehr von den Bedürfnissen kleiner Kinder überwältigt fühlen, auch nicht von riesigen Wäschehaufen, oder von Schlafmangel. Wir werden nicht mehr verpasste Gelegenheiten bedauern, frisches Brot zu backen oder unseren Garten zu pflegen. Stattdessen werden wir ruhen, weil es keinen Grund für uns gibt, uns vor dem Thron Gottes zu verstecken. Weil Christus unsere tiefsten Bedürfnisse vollkommen gestillt hat und wir unsere höchste Freude in ihm haben, werden wir nur noch in Ewigkeit Gott anbeten.

Self Care – Auch ein guter Plan kann scheitern

Als mein fünftes Kind geboren werden sollte, dachte ich: »Das schaffe ich schon!« Aus meinen früheren Erfahrungen wusste ich, dass ich einen Plan benötigte, um Geist, Körper und Herz darauf einzustellen, Gott zu dienen. Aber oftmals und auf vielfache Weise scheiterte ich.

In den Anfangsmonaten versuchte ich, meine Bedürfnisse nicht zu beachten. Ich konnte duschen, für mein Baby sorgen, die Kinder die meiste Zeit des Tages bei mir zu Hause haben, meinen Sohn zu den Therapieterminen bringen, meine Bibel lesen, für den Dienst der *Risen Motherhood* arbeiten, in der Gemeinde Dienste tun und abends lange wach bleiben, um mit meinem Mann Netflixfilme zu schauen – alles, ohne den notwendigen Schlaf zu bekommen. Mir war klar, dass ich das nicht lange so durchhalten konnte, aber ich dachte: *Hey, erinnere mich morgen daran! Gott wird mir helfen, wenn es schlimmer wird.*

Nach einigen Monaten war ich völlig fertig. Ich erwischte mich beim Tagträumen von einem einfacheren Leben, in dem ich mehr Zeit hatte, zu tun, was mir gefiel, und weniger Hintern abputzen, Geschirr spülen und kleine Sünder erziehen musste. Ich überlegte, ob ich mich krank stellen sollte, um etwas mehr Ruhe zu bekommen.

Als ich dann endlich die weiße Flagge hisste, einigten sich mein Mann und ich auf einen neuen Plan. Ich sollte spazieren gehen, besser essen, mir an den Wochenenden mehr Zeit zum Ausruhen nehmen, für die Pflege der Kinder Hilfe holen und die Zwillinge in der Vorschule anmelden. Ich stimmte allem zu, was mir im Haushalt half, um mehr Zeit für das Bibellesen zu haben. Damals weigerte ich mich auch, neue Dienste in der Gemeinde zu übernehmen. Auch unnötige Arbeiten am Haus und das Zubereiten aufwendiger Mahlzeiten mussten warten.

All das half eine Weile. Ich fühlte mich viel besser – weniger gereizt wegen der Kinder, glücklicher, an vielem wieder interessiert und voller Hoffnung. Dann kamen einige harte Wochen. Wegen einer anhaltenden Krankheit, zu der Reisen, das Wetter und die Arbeit hinzukamen, brach meine sorgfältig zusammengestellte Self-Care-Routine zusammen. Einmal verließ ich fast fünf Tage lang nicht das Haus und schlug auch meine Bibel nicht auf. Ich brauchte unbedingt einen Weg, um inmitten all dieser Schwierigkeiten Freude und Ruhe zu finden.

Damals lernte ich einige entscheidende Dinge über die Selbstfürsorge und über das, womit wir als Mütter zu kämpfen haben:

Der Stolz hält uns oft davon ab, Gott in unseren Nöten zu suchen. Meine selbstzufriedene Haltung veranlasste mich, meine Begrenzungen zu ignorieren, aber Gott ist mächtig, mir gegenüber »jede Gnade […] überströmen zu lassen«, sodass ich durch sein Ausrüsten seine Arbeit tun kann (vgl. 2Kor 9,8). Wir dürfen in Demut und Schwachheit mit unseren Nöten zu ihm kommen.

Self-Care-Strategien haben ihre Grenzen. Ein langer Urlaub hätte hilfreich sein können (wie mir meine Tagträume verhießen), aber für wie lange? Mehr Zeit für meine Hobbys hätte mir eine Auszeit verschafft, aber auch solche Effekte halten nicht lange an. Wir werden immer mehr, immer neue, immer andere Arten von Selbstfürsorge benötigen. Nur Gott schenkt die einzig unbegrenzte Quelle der Erquickung in Christus.

Wir dürfen unsere Hoffnung auf Glück nicht auf Self-Care-Strategien setzen. Krankheiten kommen, der Ehemann hat unerwartete Konflikte am Arbeitsplatz, die Wolken liefern bergehohen Schnee, Babysitter sagen ab und die Leute brauchen uns immer noch. In solchen Zeiten, in denen wir völlig ausgelaugt sind – was sollen wir da machen?

Hoffnung finden wir in dem niemals versagenden Christus

Genauso wenig wie die Pflegehinweise in der Bedienungsanleitung meines Laptops garantieren, dass mein Gerät immer gut funktionieren wird, garantieren die Self-Care-Strategien ein leichteres Leben. Computer stürzen durch Virus-Angriffe ab, oder gehen wegen eines umgefallenen Getränks kaputt. Sie können aber auch direkt aus der Herstellung mit eingebauten Fehlern kommen. Als Teilhaber an der großen Erlösungsgeschichte (nicht als deren Autoren), beherrschen wir nicht alle Faktoren, die unsere körperliche, geistliche und seelische Gesundheit beeinflussen.

Obwohl wir alle diese Umstände nicht beherrschen, bietet uns Gott im Hier und Jetzt Ruhe durch Jesus Christus an.

Eins meiner Lieblingsbilder davon in der Bibel ist das Leben des Apostels Paulus, wenn er sich Mühen und Entmutigungen in seinem Dienst gegenübersieht. Er schreibt über seine Erfahrung (eine, die alle Erwartungen unserer modernen Mütter herausfordern würde, wenn es darum geht, was sie für nötig erachten, um glücklich und gut versorgt zu sein):

> Wir haben aber diesen Schatz in irdenen Gefäßen, damit die Überfülle der Kraft sei Gottes und nicht aus uns. In allem bedrängt, aber nicht eingeengt; keinen Ausweg sehend, aber nicht ohne Ausweg; verfolgt, aber nicht verlassen; niedergeworfen, aber nicht umkommend; allezeit das Sterben Jesu am Leib umhertragend, damit auch das Leben Jesu an unserem Leib offenbar werde. (2. Korinther 4,7-10)

Als zerbrechliche, menschliche Gefäße aus Ton beruht unsere Hoffnung nicht auf unserer idealen Self-Care-Routine oder der Sättigung unserer Bedürfnisse, sondern auf dem Schatz, den wir in uns tragen: Jesus Christus in uns. Nur so können wir den gegenwärtigen Augenblick mit Freuden statt mit Verzweiflung ertragen und mit Sicherheit statt mit Angst. Obwohl die Dinge in diesem Leben schwierig sind und aus nie endenden Forderungen und Kämpfen bestehen, hat Gott uns versprochen, uns zu unterstützen, wo es am nötigsten ist, um uns seine überragende Kraft zu demonstrieren.

Er erlaubt schwere Zeiten in unserem Leben, damit wir das Leben Jesu in unseren alltäglichen Umständen offenbaren können.

Wenn die Kinder sich über wer weiß was streiten, wenn man schon seit Wochen nicht mehr an der frischen Luft war, wenn wir gar nicht mehr wissen, was eine Freundin ist, wenn wir seit einem Jahr nicht mehr beim Friseur waren, wenn der Bücherstapel, den wir lesen wollten, bis zum Himmel reicht, wenn unser Ehemann nicht vor 23 Uhr nach Hause kommt, wenn unser Baby fünfmal in der Nacht aufwacht, oder wenn unser Herz sich anfühlt, als könne es durch keinen weiteren Tag mehr durchhumpeln – dann können wir trotzdem singen: »Mir ist wohl in dem Herrn!« und es auch so meinen. Wir können tun, was uns am glücklichsten macht, nämlich im Gehorsam gegenüber Gott leben, wenn wir andere in seinem Namen lieben, selbst (und gerade dann), wenn das bedeutet, etwas loszulassen, was wir gern für uns selbst behalten hätten.

In vielen Fällen ist Selbstfürsorge weise, gut und wichtig. Aber nur Gottes Fürsorge und seine bewahrende Kraft können uns durch den Heiligen Geist in das Bild Christi umgestalten – mit oder ohne unsere Self-Care-Strategien. Ob wir wie Paulus im Gefängnis für das Evangelium leiden und kämpfen, oder ob wir heutzutage zu den verfolgten Christen gehören, oder eine müde Mutter in einer schwierigen Phase sind: Gott sorgt für uns, wenn wir nicht für uns selbst sorgen können. Er sieht das Ende. Er gibt uns jetzt schon Ruhe, und wir freuen uns auf die vollkommenere, bessere und endgültige Ruhe, die uns erwartet.

Wenn Du den Eindruck hast, mit nachgeburtlichen Depressionen, nachgeburtlichem OCD, mit Angststörungen oder etwas Ähnlichem zu kämpfen, dann sprich bitte mit jemandem darüber und such fachmännische Hilfe.

DISKUSSIONSFRAGEN:

1. Wie sieht Deine Idealvorstellung von »Self Care« aus? Hast Du genug Spielraum in Deinem Leben, um jetzt gleich damit anzufangen? Wenn nicht, was steht dem im Weg?

2. Wie reagierst Du, wenn Deine Self-Care-Strategien versagen? Was offenbart das über Dein Herz? Wenn Du Dir nur selten ausreichend Zeit für Ruhe und Selbstfürsorge nimmst, was könnte das über Deine Anbetung und Deinen Glauben aussagen?

3. Selbst wenn Du keine Zeit für die üblichen Methoden der Selbstfürsorge hast, hast Du innegehalten, um zu beten und Deine tiefsten Nöte Gott anzuvertrauen? Wie versorgt er Dich?

16

DAS EVANGELIUM UND UNSERE KINDER MIT BESONDEREN NÖTEN

Laura

Einige Augenblicke scheinen in der Zeit festgefroren zu sein. Man kann sie niemals vergessen. Für mich war einer solcher Momente in einer kleinen weißen Arztpraxis voller Papierkram, Tabellen, Abbildungen, Geflüster, langen Pausen, fünf Erwachsenen und einem einzigen Baby – meinem Baby.

»Wird sie laufen können?«, fragte ich.

»Wir wollen es hoffen«, antwortete die Oberärztin.

»Wird sie sprechen können?«, fragte ich.

»Wir wollen es hoffen«, sagte sie wieder.

»Wir haben einfach keine Ahnung, wie sie sich entwickeln wird«, fügte ein Genetik-Berater hinzu.

Ich blickte auf meine Tochter, die in meinen Armen schlief. Mir wollten keine Worte kommen. Ich wusste, dass ich Fragen stellen sollte, aber ich wusste nicht, welche. Darum verbarg ich meine Tränen, während ich ihr Deckchen zurechtzog und den rosafarbenen, mit Blumen bedruckten Stoff über ihren winzigen Beinchen glattstrich. Mein Mann stellte einige weitere Fragen, aber die meiste Zeit saßen wir nur still und furchtbar erschüttert auf den unbequem geformten roten Stühlen.

Als wir heimfuhren, riefen wir unsere nächsten Verwandten an, die für diesen Termin gebetet hatten. Wir holten unsere älteren Kinder bei Freunden ab. Ich machte ein Abendessen. Unsere Herzen fühlten sich an, als seien sie in Millionen kleiner Teilchen zerbrochen, aber das Leben ging wie gewohnt weiter. Mein Mann brachte die größeren Kinder ins Bett, ich stillte das Baby, wir schauten die Nachrichten an, ich wusch das Geschirr ab.

Ich konnte meine Gedanken nicht davon abhalten, weit in die Zukunft zu gehen und fragte mich, wie sich unser Leben wohl gestalten würde. »Wird sie laufen? Wird sie sprechen können?« Diese Gedanken wirbelten in meinem Kopf herum wie der Seifenschaum auf dem Wasser. Meine Brust fühlte sich beengt und meine Beine schwach an. Mein Herz kämpfte um Hoffnung. Ich fühlte mich überwältigt von Verzweiflung und Kummer wegen meiner Tochter, wegen meiner Familie und wegen mir selbst. Als meine Tränen in die Küchenspüle tropften, schrie ich innerlich: *Das schaff ich nicht! Ich brauche dich, Gott. Ich weiß nicht, was ich machen soll!*

Nichts Magisches geschah in diesem Augenblick. Ich verspürte immer noch Kummer und Hilflosigkeit und hatte immer noch so viele Fragen. Aber mitten in der Angst und den Sorgen, die an mein Herz anbrandeten, klammerte ich mich an die Hoffnung des Evangeliums.

Die Botschaft des Zeitgeistes: Du selbst bist die einzige Hoffnung

Niemand wird Mutter mit der Erwartung, ein Kind mit einer körperlichen oder geistigen Behinderung, gesundheitlichen Schwächen oder Verhaltensstörungen zu bekommen. Keine Mutter wird davon ausgehen, ihr Kind werde ärztliche Eingriffe nötig haben. Aber viele Mütter erhalten solche unerwarteten Nachrichten über ihr Kind. Für manche Frauen wird die Diagnose ihre Fragen und Befürchtungen erklären und beinahe eine Erleichterung darstellen. Nun wissen sie, womit sie es zu tun haben und können darauf reagieren. Für andere ist es das Letzte, was sie erwartet haben und wirkt lähmend und betäubend.

Aber egal wie – wenn man erfährt, dass das Kind besondere Bedürfnisse hat, ist das für die Eltern schwierig und schmerzlich, und oftmals sind sie wie gänzlich am Boden zerstört. Ob das Kind nun zum ersten Mal Hörgeräte oder eine Brille bekommt, oder ob es auf Nahrungsmittel allergisch reagiert, oder die sensorischen Prozesse nicht funktionieren, oder wenn es die Diagnose erhält, entwicklungsmäßig zurückgeblieben oder körperbehindert zu sein.

Die Welt tröstet die Mütter, indem sie ihnen erzählt, sie könnten froh sei, im einundzwanzigsten Jahrhundert zu leben und Zugang zu hoch entwickelter medizinischer Versorgung zu haben. Ob es sich um Brillen oder Rollstühle, eine einfache Gesichtsoperation oder eine lebensrettende Operation am offenen Herzen handelt – wenn man genug Geld, Verbindungen und Motivation hat, kann man alles haben, was die moderne Medizin an Technologie, tüchtigen Ärzten und Therapeuten bereithält.

»Setz Deine Hoffnung auf Dein Pflegeteam«, erzählt Dir die Gesellschaft, »die wissen, was zu tun ist.«

Außer dass man den Kindern die beste medizinische Fürsorge zukommen lässt, sind die »Bärenmamas« die besten. Die Mutter ist die beste Fürsprecherin ihres Kindes. Informiere Dich von vorn bis hinten im Internet und werde zur Expertin für die speziellen Nöte Deines Kindes. Optimiere seinen Ernährungsplan, benutze spezielle Öle, probiere die neusten klinischen Untersuchungen aus und führe täglich und präzise die häuslichen Therapien durch. Teste neue Geräte aus, lass das Kind Morgen für Morgen ausgesuchte

Vitamine schlucken und massiere auf jeden Fall die richtigen Stellen an den Füßen.

»Du bist seine Hoffnung!«, erzählt Dir die Welt. »Was aus ihnen wird und wozu sie sich entwickeln, das hängt einzig von Deinen Fähigkeiten ab.«

Der Druck, der auf die Eltern gelegt wird, die Antwort auf alle Bedürfnisse des Kindes zu sein, ist belastend. Kein einfaches menschliches Wesen kann dem standhalten, doch wird Müttern immer noch die Lüge erzählt, sie könnten – wenn sie die Ursachen früh genug entdecken, wenn sie nur eifrig genug dafür sorgen, wenn sie nur hart genug daran arbeiten – die Zukunft ihres Kindes bestimmen. Wenn aber unsere Hoffnung von unseren unvollkommenen Bemühungen, den unvollkommenen Ärzten und den unvollkommenen Umständen abhängt, welkt sie dahin oder blüht auf, je nachdem wie sich das Kind entwickelt. An einigen Tagen sind wir beschwingt, und an anderen wie am Boden zerstört; an den meisten Tagen beides ein bisschen.

Wir sollten dankbar für ausgezeichnete Ärzte und Therapeuten sein, die erstaunlichen Fortschritte der Medizin und der medizinischen Ausrüstung im Laufe der Zeit schätzen und uns stark für die Betreuung unserer Kinder einsetzen. Aber trotzdem haben wir die Zukunft unserer Kinder nicht im Griff. Wenn wir eine beängstigende Diagnose erhalten, wird uns geraten, unsere Hoffnung auf unsere eigenen Fähigkeiten und auf die anderer Leute zu setzen. Doch als begrenzte Menschen werden wir scheitern.

Das Evangelium gibt uns eine bessere Hoffnung. Eine, die nicht auf unseren Verdiensten und Fähigkeiten beruht. Es ist die Hoffnung, die 5000 Menschen mit nur fünf Broten und zwei Fischen speiste, die Lahme gehen ließ, Unfruchtbaren Kinder schenkte, das Meer spaltete, trockene Gebeine zum Leben erweckte und für den kleinsten Sperling sorgt. Das ist die Hoffnung, die unsere Augen von der momentanen Sichtweise auf eine größere Geschichte blicken lässt, die am Werk ist.

Die Botschaft des Evangeliums

SCHÖPFUNG: Ein Leben in Gemeinschaft mit der Quelle der Hoffnung

Als Gott die ersten Menschen schuf, waren ihre Körper tadellos gestaltet (vgl. 1Mo 1,27). Der Blutdruck blieb gleichmäßig, die Herzschläge waren rhythmisch, die Knochen stark und gerade und die Synapsen im Gehirn übertrugen alles fehlerlos. Körperbehinderungen, Krankheiten und medizinische Hilfen gab es nicht, denn Adam und Eva erfreuten sich gesunder Körper, die im Garten arbeiteten und ruhten und noch nicht einmal die kleinste Papierschnittwunde bekamen.

Im Garten Eden hatten unsere ersten Eltern tägliche Gemeinschaft mit ihrem Schöpfer und Erhalter ihrer Körper. Sie wandelten und unterhielten sich mit der Quelle ihrer Hoffnung, vertrauten auf Gott und waren mit seinen Wegen und mit dem Leben zufrieden, das er für sie ausgesucht hatte.

SÜNDENFALL: Ein hoffnungsloses Leben

Als Adam und Eva gesündigt hatten, wurden sie aus dem Paradies verbannt. Damals gingen Cherubim mit dem Flammenschwert vor dem Tor auf und ab, um es zu bewachen (vgl. 1Mo 3,24). Gott hatte Adam und Eva hinausgetrieben, um sie Mühe, Schmerz und Kampf erleben zu lassen (vgl. 1Mo 3,23). Zum ersten Mal fühlten sie den Schmerz eines aufgeschürften Knies, bemerkten im Alter die schwindende Sehkraft und bekamen einen Husten, als es kälter wurde.

Der Sündenfall offenbarte die Zerbrechlichkeit des menschlichen Körpers. Mit ihm kamen Krankheiten, Leiden, Fehlfunktionen und Behinderung. Manchmal beginnt das schon bei der Empfängnis, manchmal entwickelt sich das im Lauf der Zeit, und manchmal geschieht es ganz plötzlich. Egal wie die Leiden auftreten – die Auswirkungen des Sündenfalls zeigen sich.

Genauso wie Eva von der verbotenen Frucht aß, weil sie auf etwas Besseres als Gott hoffte, greifen wir überall nach Hoffnungen, wo wir sie zu finden glauben, weil wir nicht fassen können, wie ein guter Gott uns zu leiden erlauben kann. Normalerweise suchen wir unsere Hoffnung dann in uns selbst – wie Eva, die sich auch danach sehnte, die Zukunft zu beherrschen – und denken, wir könnten aus eigener Kraft einen Weg zur Heilung finden. Wir reden uns ein, wir seien die Hoffnung auf den Erfolg unserer Kinder. So ziehen wir unsere Schwerter und rüsten uns für den Krieg, bereit für einen Kampf bis zum Tod (oder bis unser Konto leer ist und alle unsere Möglichkeiten erschöpft sind). Dabei drücken wir die Daumen und hoffen das Beste. Und der Fortschritt kommt und geht. Wenn ein Problem erledigt ist, taucht ein neues auf. Manchmal gibt's keine Lösung, also lernen wir, mit dem Problem zu leben.

Weil unsere Hoffnung auf fließenden Sand gebaut ist, sind unsere Herzen in ständiger Unruhe und schwingen zwischen Kummer und Entzücken hin und her, und unsere Aufmerksamkeit und unsere Stimmung sind auf ein sich ständig bewegendes Ziel gerichtet. Wir sind erschöpft, frustriert und freudlos. Wir können uns nicht auf unsere besten Bemühungen verlassen, nicht auf die beste medizinische Betreuung, ja nicht einmal auf die Fortschritte unseres Kindes – und dann stellt sich bald das Gefühl ein, dass wir in diesem Leben überhaupt keine Hoffnung mehr haben.

ERLÖSUNG: Eine lebendige Hoffnung

Mitten in dem schrecklichsten Ereignis der Menschheitsgeschichte – als Adam und Eva Gott verwarfen – bot Gott Hoffnung. Während er den Fluch über die Erde ausgießt, kommt eine verheißungsvolle, inhaltsschwere Aussage, die alles verändert: »… ich werde Feindschaft setzen zwischen dir und der Frau und zwischen deinem Samen und ihrem Samen; er wird dir den Kopf zermalmen, und du wirst ihm die Ferse zermalmen« (1Mo 3,15).

HOFFNUNG.

NICHT UNBEDINGT IN JEDEM AUGENBLICK SPÜRBAR, ABER EIN VERSPRECHEN FÜR DIE ZUKUNFT.

Hoffnung. Nicht unbedingt in jenem Augenblick spürbar, aber ein Versprechen für die Zukunft. Gott wischte nicht gleich die Auswirkungen des Sündenfalles fort, indem er sie sofort rettete. Stattdessen ließ er sich Zeit, seinen lebengebenden Odem in diesen Tod zu blasen. Er verbannte Adam und Eva nach Osten aus dem Garten und erlaubte, dass sie die schmerzlichen Ergebnisse des Sündenfalles zu spüren bekamen. Als sie gingen, hielten sie sich an Gottes Verheißung, dass eines Tages der Satan und die Sünde von einem Sohn Evas zermalmt würden.

Adam und Eva begegneten ihrem Erlöser nicht, solange sie auf Erden lebten – und Adam lebte mehr als 900 Jahre (vgl. 1Mo 5,3-4)! Aber sie lebten in gespannter Erwartung der göttlichen Verheißung, sie zu erretten. Jeden Abend, wenn sie die Sonne im Westen – über dem Garten Eden – untergehen sahen, haben sie vielleicht voller Kummer an ihr früheres Leben gedacht. Aber sie trauerten nicht ohne Hoffnung. Sie glaubten und vertrauten, dass ein Tag kommen werde, an dem sie zu einem noch besseren Eden zurückkehren würden.

Das war keine Wischi-Waschi-Hoffnung, kein »vielleicht!« oder »möglicherweise passiert das ja«, sondern eine feste Zuversicht, dass *wirklich* etwas in der Zukunft geschehen wird. Ihre Hoffnung war eine Person, aber nicht einfach irgendeine Person – es war die Hoffnung auf eine vollkommene Person, auf Jesus Christus. Diesseits des Kreuzes wissen wir, dass er kam, um die Verheißung zu erfüllen, die Adam und Eva gehört hatten: Er würde durch sein Sterben und Auferstehen am dritten Tag der Schlange den Kopf zermalmen (vgl. 1Mo 3,15). Wir leben immer noch in der Zwischenzeit und warten auf die volle Vollendung des göttlichen Plans, wenn wir in ein vollkommeneres Paradies kommen, als Eden es war. Aber wir leben heute mit der Hoffnung, dass dieses Leben nicht alles ist. Hinter all unseren Erfahrungen steckt eine großartigere Absicht.

VOLLENDUNG: Ewiges Leben mit ewiger Hoffnung

Eines Tages werden wir erleben, was wir erhofften. Wenn Gott die Wiederherstellung aller Dinge herbeiführt, werden wir niemals wieder Kummer, Schmerz und Sorgen des Sündenfalls empfinden. »Und er wird jede Träne von ihren Augen abwischen, und der Tod wird nicht mehr sein noch Trauer noch Geschrei noch Schmerz wird mehr sein; denn das Erste ist vergangen« (Offb 21,4). Oh, welche Verheißung ist das, auf die wir hoffen dürfen!

An jenem Tag werden alle Gebrechen und körperlichen Fehler völlig geheilt sein. Dann gibt es keine Medikamente, Operationen, Therapien oder Arzttermine mehr. Auch keine mitternächtlichen Ängste, wie die anderen Kinder Dein Kind wohl behandeln werden, keine Sorgen mehr, ob Du auch genug getan, gesagt und bezahlt hast. Da wird Dich nie mehr plagen, ob Du auch bei einer medizinischen Maßnahme die Risiken eventueller Nebenwirkungen richtig abgewogen hast. Da werden wir weder Ärzte noch Krankenschwestern nötig haben, weil der Große Heiler mitten unter uns wandeln wird.

Wir hoffen auf die Absicht, nicht auf die Ursache

»Ich … ich habe tatsächlich einmal etwas Sushi gegessen, während ich schwanger war, und das war die erste Schwangerschaft, bei der ich ein Schwangerschaftskissen benutzt habe. Ob es wohl daher kommt?«, flüsterte ich zögerlich meinem Mann zu, während ich mir das Gehirn zermarterte, weshalb es bei meiner Tochter zu einer so seltenen Diagnose gekommen war. Dasselbe tat ich, als mein Sohn eine Brille bekam, mehrere Augenoperationen und Therapien durchmachte, und als ich erfuhr, er werde lebenslang mit Augenproblemen zu tun haben. Und ich machte es auch, als mein mittleres Kind eine Sprachverzögerung und Hörschwierigkeiten hatte.

»Was habe ich falsch gemacht?«

»Ist das meine Schuld?«

»Wie konnte das geschehen?«

»*Warum* ist das passiert?«

Egal wann oder wie es passiert – immer, wenn Du merkst, dass Dein Kind sich von dessen normal entwickelten Altersgenossen unterscheidet, bringt es Dir Schmerzen, Kummer und den verzweifelten Schrei einer Mutter: »Warum, Gott? Was soll ich jetzt machen?«

Diese Frage ist normal, und es ist in Ordnung, Gott das zu fragen. Die Bibel scheut sich auch nicht, schwierige Fragen zu stellen. Das ist etwas, was mir viel Trost bringt.

Sogar die Jünger fragten in Bezug auf einen blinden Mann: »… wer hat gesündigt, dieser oder seine Eltern, dass er blind geboren wurde?« (Joh 9,2). Sie nahmen an, dass es an der Sünde dieses Menschen oder vielleicht an der seiner Eltern liege. Irgendjemand müsse doch schuld sein. Aber Jesus sagte etwas, was niemand erwartet hatte: »Weder dieser hat gesündigt noch seine Eltern, sondern damit die Werke Gottes an ihm offenbar würden« (Joh 9,3). Damit erklärt er im Grunde den Jüngern: »Das kommt nicht von ihren Sünden. Hört also auf, nach der Ursache zu suchen und richtet euren Blick auf den Zweck!«

»Warum ist das passiert?«

Damit Gott mehr geehrt würde.

Wenn Du eine Mutter bist, die sich durch die Mängel ihres Kindes herausgefordert fühlt, dann denk dran: Das hat einen Sinn. Gott arbeitet im Leben Deines Kindes und durch dessen Schwierigkeiten, um seine Herrlichkeit zu offenbaren – und genauso arbeitet er an Dir! Die »Werke Gottes« zeigen sich nicht nur in der Person, die anders begabt ist; die Werke Gottes zeigen sich auch darin, wie Du tagein, tagaus für das Kind sorgst. Wie Du Mitleid zeigst, während Du es zum siebten Mal in der Nacht in den Schlaf wiegst. Wie Du bei launenhaftem und ungewöhnlichem Verhalten in der Öffentlichkeit geduldig und freundlich bleibst. Und wie

Du von Gottes großer Gnade Dir gegenüber sprichst, wenn andere Dich fragen, wie Du das machst.

Wie Du auf die Behinderungen, Krankheiten und Verhaltensstörungen Deines Kindes reagierst und daraufhin handelst, hat tiefe Bedeutung. Wenn Du eine Diagnose mit der Hoffnung auf Gott annimmst, auch wenn Du selbst noch Fragen und Kummer hast und auf Missverständnisse stößt, dann zeigst Du die Leben spendenden, mit Hoffnung erfüllenden, von Gnade gesättigten, Mitgefühl ausstrahlenden, die Herzen korrigierenden, von Herrlichkeit erstrahlenden und die Sünde vertreibenden Werke Gottes so, dass alle es sehen.

Eine Hoffnung, die heiligt

Schwierigkeiten und Fragen haben die Tendenz, unseren Kleinglauben hart zu bedrängen und unsere Zweifel und Befürchtungen, unsere bitteren Gedanken und die wahre Natur unseres Glaubens zu offenbaren. Wir möchten schnelle Lösungen für unsere Probleme, aber Gott gibt oft nur langsame Hilfen – weil wir so langsame Schüler sind. Gott fordert von uns nicht, die Augen zu schließen, aus der Hüfte zu schießen und dann auf das Beste zu hoffen, während man durch die tiefen Wasser der Sorge für das Kind steuert. Er hat auch nicht versprochen, die vor Dir liegenden Ozeane fortzunehmen, aber er hat wohl versprochen, allezeit bei Dir zu sein: »… fürchte dich nicht, denn ich bin mit dir …« (Jes 41,10).

Kämpfe und geduldiges Ausharren bringen Heiligung. Sie zwingen uns, über uns selbst und über die Umstände hinauszublicken, um zu entscheiden, ob wir wirklich glauben, dass es wahr ist, was er gesagt hat:

»Wir wissen aber, dass denen, die Gott lieben, alle Dinge zum Guten mitwirken, denen, die nach Vorsatz berufen sind« (Röm 8,28).

»Er bewahrt die Seelen seiner Frommen« (Ps 97,10).

»Denn das schnell vorübergehende Leichte unserer Trübsal

bewirkt uns ein über jedes Maß hinausgehendes, ewiges Gewicht von Herrlichkeit« (2Kor 4,17).

»... ich stärke dich, ja, ich helfe dir, ja, ich stütze dich mit der Rechten meiner Gerechtigkeit« (Jes 41,10).

»Aber meine Güte werde ich nicht von ihm weichen lassen und meine Treue nicht verleugnen« (Ps 89,34).

»Siehe, ich mache alles neu« (Offb 21,5).

Ich mache alles neu – wenn es Dir so geht wie mir, sehnst Du Dich ganz verzweifelt nach dem Tag, an dem Gott an Deinem Kind diese Verheißung erfüllen wird. Aber das sollte auch der Schrei Deines Herzens für Dich selbst sein. Genauso wie Dein Kind eine tiefere Not als seine Anders-Begabung hat, so hast auch Du die Heilung Deines Herzens nötig. Wir neigen dazu, unsere Hoffnungen auf einen Therapiefortschritt und auf eine neue Statistik zu setzen, oder darauf, wie gut wir uns für die Pflegekräfte einsetzen, oder auf die Entdeckung eines neuen Medikaments. Aber um Christi willen kann unsere Hoffnung endlich in einem unwandelbaren Gott zur Ruhe kommen – in seinem vollkommenen Plan und in der Glaubwürdigkeit seines Wortes.

Predige Dir selbst jeden Tag diese Wahrheit. Sobald Du meinst, das nicht mehr nötig zu haben, wirst Du es vergessen. Weil Du ein Mensch bist wie ich, weiß ich, dass auch Du ein armselig kurzes Gedächtnis hast. Wach auf und erinnere Dich täglich an diese Geschichte. Rede zu Dir von dem Fels der Ewigkeiten, von der Feuer- und Wolkensäule, von dem Töpfer, von dem brennenden Dornbusch, von dem Reiter auf dem weißen Pferd. Wiederhole Dir selbst das Evangelium, wenn Du vor neuen Herausforderungen stehst, neue Fragen entdeckst, neue Fähigkeiten feierst, oder auch neue Drangsale erlebst.

Wo immer Du Dich auch auf der Reise mit Deinem Kind befinden magst – halte Dich an der wahren, immerwährenden Hoffnung fest und glaube den göttlichen Verheißungen. Auch wenn Du es nicht verstehst – erinnere Dich daran, dass es um etwas Größeres geht. Vertraue auf Gottes langen Atem. Er will Deinen Glauben wachsen lassen, indem er langsam eine Wahrheit nach der anderen in Deine Seele füllt. Zeige denen um Dich her die Werke Gottes, indem Du im Glauben und in der Hoffnung lebst, dass Gottes große Geschichte sich vollenden wird – in dem Wissen, dass die Sonne nicht für immer über Eden untergehen wird.

Während wir darauf warten, warten wir mit Hoffnung.

DISKUSSIONSFRAGEN:

1. Auf wen oder was setzt Du als Mutter eines behinderten Kindes Deine Hoffnungen? Wenn Du die Freundin einer Mutter in solcher Situation bist, zu welcher Art von Hoffnung machst Du ihr Mut? Wie stimmt das mit dem überein, wohin das Evangelium unsere Hoffnung richten will?

2. Gott verspricht, unsere Leiden zu unserer Heiligung zu verwenden und uns näher zu ihm zu ziehen. Auf welche Weise gibt Dir das Hoffnung und Ermutigung, wenn Du eine niederschmetternde Diagnose erhältst? Inwiefern macht Gott alles neu?

3. Auf welche Weise beauftragt Dich das Evangelium, die Werke Gottes denen zu offenbaren, die um Dich her sind, indem er Deine einmalige Situation benutzt, um Deine tiefe Freude zu zeigen, die Du in Christus hast?

III

WIE LERNE ICH, DAS EVANGELIUM AUF DAS MUTTERSEIN ANZUWENDEN?

17

SIND DIE KLEINKINDERJAHRE VERLORENE JAHRE?

Emily und Laura

Hast Du schon einmal von der »10 000-Stunden-Regel« gehört?

Es gibt Untersuchungen, die belegen, dass man auf jedem Gebiet ein Experte werden kann, wenn man nur 10 000 Stunden dafür studiert oder übt. Allerdings sagt der Psychologe, der diese Untersuchungen leitete, dass es nicht ausreiche, dasselbe immer wieder zu tun, (was wir oft unter »üben« verstehen). Es geht um ein »bewusstes Üben«[14], wie dieser Psychologe es nannte. Nach seiner Theorie können Leute mit wenig oder gar keinem Talent oder mit nur geringer Kenntnis auf einem bestimmten Gebiet große Golfer, Musiker, Fußballer, Schachspieler oder Geschäftsleute werden.

»Bewusstes Üben« bedeutet, Fähigkeiten oder Kenntnisse auf einem neuen Gebiet zu erwerben, indem man das, was man bereits

---

14 Janie Kliever: *Deliberate Practice: Learn like an Expert*, Medium.com, 14. Juli 2018. https://medium.com/the-crossover-cast/deliberate-practice-learn-like-an-expert-cc3114b8a10e.

kennt, anwendet, um so über die eigenen Fähigkeiten hinauszugreifen. Es bedeutet, aus Deiner Komfortzone herauszutreten und sich mit Dingen wohlzufühlen, die Du noch nicht verstehst oder die Du noch nicht beherrschst. Dazu gehört es, bereitwillig Fehler zu machen, um dann herauszufinden, wie man diese beheben kann.

Beim »bewussten Üben« setzt Du das Lernen fort – nicht trotz Deiner Kämpfe, sondern gerade ihretwegen.

Hätte man uns vor sechs oder sieben Jahre gebeten, ein Buch wie dieses zu schreiben, dann hätten wir beide nur gelacht. Mutterschaft war etwas Neues für uns und ebenso deren Beziehung zum alltäglichen Evangelium. Dieser Job war schwer, neuartig und jenseits unserer Fähigkeiten und manchmal waren wir versucht, das Handtuch zu werfen. Aber wir erkannten, dass es wesentlich für unsere Rolle als Mutter und sogar noch wichtiger für unsere Berufung als Christen ist. So hielten wir durch und bemühten uns, in der Erkenntnis der Bibel und in der Anwendung des Evangeliums zu wachsen, und zwar während wir Windeln wechselten, die Kleinen zur Vorschule brachten, Spielnachmittage einrichteten und Arztbesuche machten.

Was wir heute wissen, ist das Ergebnis dessen, was wir in den kurzen Zeitabschnitten, die uns jeweils zur Verfügung standen, erfahren konnten. Wir geben zu, dass es in unseren Mutterschaftsjahren Zeiten gab, in denen wir mehr Netflix geschaut als in der Bibel gelesen haben, besonders nach jedem neuen Baby, das in unser Heim kam. Doch durch die übergreifende Zeit tiefer, bewusster Studien und Anwendungen oder durch »bewusstes Üben« brachten wir uns dazu, mehr über Gott zu erfahren und ihn mehr zu lieben, indem wir persönlich oder in Gemeinschaft in seinem Wort forschten.

Wir haben noch sehr viel zu lernen, denn wir sind absolut noch keine 10 000-Stunden-Experten, aber wir sind dankbar, dass wir so weit gekommen sind, auch wenn wir unserem Gefühl nach nur langsam vorankamen. Dieses Buch ist das Ergebnis mehrerer Jahre des Auf-und-Abs »bewussten Übens«, Gott und sein Wort besser zu erkennen und zu verstehen.

Doch während unserer kurzen Zeit als Mütter haben wir bemerkt, dass einige Leute dazu neigen, die Jahre mit Kleinkindern einfach abzuschreiben. Sie sagen zum Beispiel: »Es ist in Ordnung, dass ihr nicht viel in der Bibel gelesen und eure Bibelstudien nicht beendet habt. Ihr hattet genug mit der Kindererziehung zu tun!« Wir sind dankbar für deren Freundlichkeit, aber diese Antworten implizieren, dass ihrer Ansicht nach bei den dazwischengeschobenen Stunden nicht viel Gutes herauskommen kann. Sie bedenken nicht, dass auch kleine Bemühungen zu Ewigkeitszielen beitragen können.

Es stimmt, dass wir manchmal berechtigte Gründe dafür vorbringen können, nicht viel Zeit für ein tieferes Eindringen in das Wort Gottes zu haben. Aber wir sollten uns fragen, ob der häufigste Grund, sich nicht ernsthaft mit der Bibel auseinanderzusetzen, nicht unser Zeitmangel ist, sondern … dass es einfach schwer ist. Wir haben keine Lust zu kämpfen und Opfer zu bringen. Darum lassen wir es.

Wir möchten Dir zur Ermutigung sagen: Die Kleinkinderjahre brauchen keine verlorenen Jahre zu sein. In jenen Stunden (oder Minuten) kommt doch allerhand zusammen.

Gewöhnliche Mütter mit ungewöhnlicher Kenntnis und Liebe zu Gott

Wir neigen zu der Ansicht, dass Theologie, Belesenheit in der Bibel und die Auslegung des Evangeliums etwas für Pastoren und Bibelschüler sei, oder vielleicht auch noch für die supergeistliche Frau, mit der wir eine Jüngerschaft machen. Doch in Wahrheit sind wir alle Theologen. Wir alle haben Vorstellungen von Gott, die darüber entscheiden, wie wir unser tägliches Leben führen.

Gott will, dass auch gewöhnliche Leute vom Evangelium bestimmt leben. Als Gläubige haben wir alle einen Zugang zu dem lebendigen und aktiven Buch – zur Bibel. Wir alle haben die verändernde Kraft des Heiligen Geistes, die uns täglich Christus ähnlicher machen kann. Niemand erhält eine Sonderoffenbarung von Gott. Er hat bestimmt, dass jeder Gläubige aus erster Hand, also aus der Kenntnis des Wortes Gottes, in der persönlichen Erkenntnis Gottes wachsen soll.

Wie sehen nun aber realistische Erwartungen für das Wachsen in Gottes Wort aus? Vielleicht müssen wir unsere Vorstellung von einem perfekten Bibelstudium beiseitelegen und genau da anfangen, wo Gott uns hingestellt hat. Es ist wunderbar, eine Tasse heißen Kaffees bei Sonnenaufgang in einem ruhigen Haus zu genießen. Wir lieben die stillen Zeiten, zu denen Markierstifte, weiche Decken und ununterbrochene Gebete gehören. Aber ein tieferes Verständnis des Evangeliums zu entwickeln, hängt weniger davon ab, eine perfekte Stille Zeit zu organisieren, als vielmehr davon, Gott den ganzen Tag über – zwischen Krümeln, Flecken, Geschrei und allem anderen – zu suchen. Es geht darum, Gott mit unserer ganzen Existenz fest, unnachgiebig und hartnäckig zu folgen. Wir sollten danach trachten, 10 000-Stunden-Experten in Sachen Gott zu werden.

Manche sind der Meinung, dass nur die ununterbrochenen Stunden vor dem Aufwachen der Kinder zählen. Doch als Mütter haben wir diesen Luxus nicht immer. Anstatt uns entmutigen zu lassen, sollten wir zu jeder möglichen Gelegenheit lernen, das Evangelium in unser Leben einzuweben, bis uns das so nahtlos gelingt, dass niemand das eine vom anderen unterscheiden kann. Es ist weniger das Hinein- und Herausspringen aus einem Teich, als dass man lernt, im Ozean zu leben. Es ist kein dauerndes Nasswerden und dann wieder Abtrocknen, sondern der Übergang in eine völlig andere Umwelt. Man lebt voll eingetaucht in göttliche Dinge. Möge Gottes Wort Dein ganzes Leben durchdringen und alle Deine Kleider durchtränken!

Manchmal wird Dir dieser Fortschritt mühsam erscheinen. Aber man wächst nur *aufgrund der Schwierigkeiten*, nicht wahr? Es wird Tage geben, in denen Du von Deinem Bibelstudium oder von einem Gespräch mit einer Glaubensschwester fortgehst, ohne Antworten erhalten zu haben. Vielleicht bist Du frustriert, weil Deine Glaubensgrundsätze auf die Probe gestellt wurden. Vielleicht bist Du ärgerlich oder verletzt, weil Dir etwas an die Nieren geht und der Heilige Geist Dir Sünde in Deinem Leben offenbart hat. Vielleicht willst Du sogar aufgeben, weil Du denkst, außerhalb des gläubigen Gehorsams mehr Glück zu finden. Die Verwandlung in Christi Bild geschieht nicht über Nacht, also gewöhn Dich daran und freue Dich darüber, wenn der Heilige Geist Dein Verständnis und die Liebe zum Evangelium wachsen lässt.

Liebe Mutter, unterschätze nicht, was Gott während dieser Zeit tut. Während Du damit beschäftigt bist, in der Badewanne kleine Händchen und Füßchen zu waschen, kannst Du Gott lieben und immer besser mit seinen Wegen vertraut werden. Während Du das Abendessen oder ein Picknick im Wohnzimmer vorbereitest, kannst Du Deine Theologie erweitern. Während Du draußen umherläufst und mit den Kindern Ringelreihen tanzt, kannst Du Deine Liebe zu Christi Werk am Kreuz vertiefen. Während Du zur Arbeit gehst, kannst Du das Evangelium auf Deine Umstände anwenden. Du brauchst nicht auf eine passendere Zeit zu warten, zum Beispiel wenn Deine Kinder größer oder sogar aus dem Haus sind. Du brauchst auch nicht in diesem Jahr eine 10 000-Stunden-Expertin zu werden, jedoch kannst Du durch Gottes Gnade wachsen und verändert werden.

Eine Mutter und ihre Bibel

Wenn Du so bist wie wir, wirst auch Du mal heiß und mal kalt sein, wenn es ans Studieren der Bibel geht. Wir beginnen ganz enthusiastisch einen neuen Bibelleseplan, nur um sehr bald abzukühlen, wenn wir unsere schönen Markierstifte nicht finden können. Manchmal bleibt unsere Bibel die ganze Woche über unter dem Fahrersitz unseres Autos liegen. Aber sogar in Zeiten, wenn wir beständig in Gottes Wort lesen, kann es uns so vorkommen, als haken wir es nur ab, statt wirkliche Hingabe zu Jesus zu entwickeln. Gelegentlich schlagen wir die Bibel aus Verzweiflung irgendwo auf und hoffen, Gott werde in die augenblickliche Situation sprechen.

Das Bibelstudium kann ein Kampf sein, besonders in der ermüdenden Zeit mit jungen Kindern. Aber wo Du auch gerade steckst, überall kannst Du mit anhaltendem Lesen und mit durchdachtem, selbsterlebtem Studium beginnen.

Mit der Bibel vertraut zu werden ist keine leichte Aufgabe.[15] Wir gehen oft an die Bibel heran und hoffen dabei, sie sei wie das, womit uns die Sozialen Medien füttern – voller inspirierender Schätze, die uns durch den Tag tragen. Und dann sind wir enttäuscht, wenn wir nicht augenblicklich ermutigt sind oder wenn wir nicht gleich verstehen, was wir da lesen. Wir wollen gern etwas lernen, aber dann unterbricht uns der Kleinste, der gerade vom Mittagsschlaf aufwacht, oder sein älterer Bruder, der nach einem Streit zu uns kommt. Unsere Bibel kommt uns zu streng, zu archaisch, zu zusammenhanglos vor, so als sei sie viel zu fern, als dass sie in unser Leben sprechen könnte. Dann geben wir auf und setzen unsere Hoffnung auf andere Dinge.

Ja, das Bibelstudium ist nicht einfach, aber es ist nicht aussichtslos. Allerdings könnte die Antwort nicht das sein, was Du hören willst.

Der Schlüssel, um anhaltende Hoffnung und Antworten auf die Fragen der Gegenwart zu finden, liegt in einem systematischen, ernsthaften Studium des göttlichen Wortes. Es gibt viele Möglichkeiten, das zu tun. Ganze Bücher wurden darüber geschrie-

---

15 Unsere Vorstellung von Bibelkenntnis wurde während unseres Lebens von vielen Menschen beeinflusst. Dazu gehört Jen Wilkin. Siehe ihr Buch *Frauen studieren die Bibel* (Waldems: 3L Verlag, 2022).

ben! Außerdem haben wir diesem Kapitel einige praktische Tipps angefügt, um leichter einzusteigen. In Bibelkenntnis zu wachsen ist nichts Kompliziertes, und doch ist es gut, einen Plan zu haben und ernsthaft anzufangen. Dabei muss einem jedoch bewusst bleiben, dass es eine Langzeitaufgabe ist.

Du wirst nie perfekt werden. Niemand von uns ist perfekt. Besonders in diesen Jahren der Erziehung von kleinen Kindern ist eine planmäßige Praxis nicht immer durchführbar. Obwohl wir das Eintauchen in die Bibel mehr als je zuvor brauchen, kann ein Umzug, eine neue Arbeitsstelle, ein neues Baby, eine durchgeführte Adoption, der Verlust eines geliebten Menschen, ein alternder Elternteil, ein krankes Kind oder sonst irgendetwas dafür sorgen, dass unsere Zeit mit der Bibel sporadisch wird. Und das ist normal! Wir haben es auch erlebt.

Wenn das eintritt, ist es wichtig, sich der wahren Bedeutung des Bleibens in Christus zu erinnern. Unsere Stellung vor Gott kann durch nichts verändert werden – egal, ob wir an diesem Tag die Bibel gelesen haben oder nicht. Aber wenn wir wahrhaft in Christus sind, wird uns diese Wirklichkeit zur gleichen Zeit dahin führen, in Bewegung zu bleiben und ein Verlangen danach zu haben, in unserem Verständnis von Gottes Wort zu wachsen und es hoch zu achten (vgl. Joh 15).

Wahre Gläubige werden nicht durch die Anzahl der Stunden, die sie in der Woche in der Bibel gelesen haben, in Gottes Gunst aufsteigen oder fallen. Unsere schlechten Bibellesetage machen uns nicht unweigerlich schuldig, denn Jesus hat uns am Kreuz Freiheit erworben. Aber genau dieses Opfer treibt uns dazu, einen Studienplan zu machen und uns wieder Gottes Wort zuzuwenden. Seine Liebe motiviert die unsere, und weil sein Geist in uns bei der Arbeit ist, ist keine Zeit umsonst gewesen.

Gott kennt unsere Umstände. Ob Du einer Hörbibel im Auto zuhörst, eine Bibellese-App während des nächtlichen Stillens benutzt, oder an einem Intensivstudium in Deiner Gemeinde teilnimmst – jede Investition kann Dich in das Bild Christi umformen. Jede Saat kann Frucht tragen. Aber halte hartnäckig daran fest. Bleibe dabei!

Egal, wie es Dir mit dem Bibellesen geht und egal wie lange es schon her ist – wir flehen Dich an: Beginne wieder damit!

PRAKTISCHE TIPPS:

- Bete vor und nach dem Lesen. Bitte Gott darum, in der Liebe zu seinem Wort wachsen zu dürfen. Bitte ihn, Dir die wahre Bedeutung des Textes zu zeigen, und dass er Dein Leben in der Anwendung des Textes verändern möge.

- Lass Deine Kinder daran teilnehmen und sei geduldig, wenn sie Dich unterbrechen. Mache sie zu Jüngern, während Du selbst in der Erkenntnis des Wortes Gottes wächst.

- Wähle ein Buch der Bibel aus, um es für ein besseres Verständnis immer wieder zu lesen, oder arbeite Dich langsam durch die ganze Bibel, um die übergreifenden Themen zu erfassen.

Fünf Jahre nach heute

Die 10 000-Stunden-Theorie enthält noch einige weitere Schlüssel zum Wachstum, um ein Experte durch bewusstes Lernen zu werden. Die Psychologen hinter dieser Untersuchung[16] sagen, man müsse einen Mentor finden, Feedback bekommen, mit den Grundlagen beginnen, sich auf eine lange Strecke einlas-

16 K. Anders Ericsson, Michael J. Prietula, Edward T. Cokely: *The Making of an Expert*. Harvard Business Review. 10. August 2022, https://hbr.org/2007/07/the-making-of-an-expert.

sen und die erworbenen Fähigkeiten testen. Das klingt erstaunlich ähnlich wie Gottes Plan für Wachstum und Jüngerschaft. Wie ein Evangeliumsexperte zu leben, bedeutet, sich einer örtlichen Gemeinde von Gläubigen verbindlich anzuschließen, sich in einer Bibelstudiergruppe zu engagieren, eine grundlegende Erkenntnis des Wortes Gottes zu erwerben, in schwierigen Zeiten dabeizubleiben und die erlernten Wahrheiten auf alle täglichen Ereignisse anzuwenden.

Wenn Du Dich dem Studium des göttlichen Wortes bewusst hingibst, kannst Du Dir dann vorstellen, wo Du in fünf Jahren sein wirst? Nimm uns wegen unserer eigenen Erfahrung beim Wort: Du wirst ein verwandelter Mensch sein, auch wenn Du noch unter denselben Umständen lebst.

Mit diesem Bewusstsein wollen wir unsere idealen Stillen Zeiten genießen, so oft wir können, aber unsere Bibeln auch am Frühstückstisch, auf dem Schminktisch im Badezimmer und auf dem Couchtisch offen haben. Lasst uns unsere Bücherregale mit evangeliumsreicher Literatur für Erwachsene und Kinder füllen. Lasst uns mit gottesfürchtigen Freunden Gemeinschaft haben, die ebenfalls Gott suchen, damit wir uns darüber austauschen können, wie wir das Evangelium auf unser persönliches Leben und auf die Gesellschaft rings um uns her anwenden müssen. Lasst uns kindische und auch ernsthafte Lieder singen, die uns an die tiefen Wahrheiten über unsere gute Lehre erinnern.

Lasst uns im Auto auf dem Weg zur Schule die Hörbibel anschalten oder unsere Kinder mit aufs Sofa ziehen, während wir unsere Bibellese beenden – man kann ihnen ja ein kleines Spielzeug geben, um sie in der Nähe zu behalten. Lasst uns in der örtlichen Gemeinde mitarbeiten, wo wir Frauen finden, die uns etwas zu sagen haben und auch Frauen, denen wir etwas zu sagen haben. Wenn wir Wäsche bügeln oder von der Arbeit heimfahren, dann lasst uns theologisch gesunde Podcasts, Predigten und Themen hören. Bei all dem sollten wir alles, was wir hören, kritisch und bewusst überdenken und es mit den Wahrheiten des Wortes Gottes vergleichen.

Lasst uns wieder mit dem Lernen beginnen, wenn wir damit aufgehört haben. Lasst uns umkehren, wenn wir rückfällig geworden sind. Lasst uns doch in der Gnade Gottes baden und ihn um Kraft zum Durchhalten bitten. Gib Dir fünf Jahre. Wir würden wetten, dass Du dann wegen der Früchte freudig überrascht bist, die Du in den Jahren gesät hast, die andere für verlorene Jahre hielten.

Bilde Dein Herz und Deinen Geist Gott entsprechend

In der Bibelkenntnis während der Jahre der kleinen Kinder zu wachsen, ähnelt ein wenig dem Aufziehen der Kinder. Da investiert man Tag für Tag, und manchmal hat man den Eindruck, nichts würde geschehen. Aber mit der Zeit siehst Du, wie sie sich verändern. Durch Gottes Gnade *können* sie ihrem dankbaren Herzen eine Stimme geben und »Bitte« und »Danke« sagen. Sie *können* überführt werden, wenn sie ihre Schwester geschlagen haben und sich entschuldigen. Sie *können* Mitleid mit den Ausgeschlossenen haben und sie zum Mitspielen einladen.

Das Gleiche gilt für Dich. Du denkst vielleicht, dass Dein Bibellesen nicht sofort zu einer Veränderung führt, doch mit der Zeit kannst Du feststellen, dass Du Dich an anwendbare Bibelstellen erinnern kannst. Eine solche Vertrautheit erlaubt Dir, Dir das Evangelium selbst immer wieder vorzuhalten. Dann wirst Du eines Tages, wenn Du Dich ängstlich fühlst, automatisch anfangen, Wahrheit und Leben zusammenzubringen.

Du kannst anfangen, die Bibel als eine große Geschichte anzusehen, die auf vielfache Weise und über einen langen Zeitraum erklärt wurde. Dir fällt auf, wenn Du etwas von einer Freundin hörst, was nicht mit der Wahrheit des göttlichen Wortes übereinstimmt. Du fängst an, auf Deinem Instagram-Feed oder bei den

KLEINKINDERJAHRE SIND KEINE VERLORENEN JAHRE

neusten christlichen Bestsellern Halbwahrheiten zu entdecken. Und Du kannst endlich auch schwierige Stellen des Alten Testaments verstehen!

Mit der Zeit bewirkt all dies Lernen, Verharren und Nachdenken einen Unterschied. Es geht nicht um den Erkenntnisgewinn an sich, sondern darum, dass Gottes Wort in Deinem Herzen angesammelt wird und so Dein Herz anfängt, dem seinen ähnlich zu werden. Wir kommen immer mehr dazu, zu lieben, was er liebt, uns um das zu kümmern, worum er sich kümmert und das auszuleben, wozu er uns berufen hat.

Egal, um was es geht – denk daran, dass das Vertrautwerden mit der Bibel und die Kenntnis des Evangeliums nicht nur etwas für die Allerklügsten ist. Das Evangelium ist für alle da – auch für jede Mutter. Für Mütter, die zu Hause bleiben, von zu Hause aus arbeiten, oder auswärts ihren Dienst tun (und auch für alles, was dazwischen ist). Das Evangelium ist für arme Mütter, für reiche Mütter und für Mütter aus der Mittelschicht. Das Evangelium ist für Mütter jeder Hautfarbe und jedes ethnischen Hintergrundes. Das Evangelium ist für die müden Mütter, die perfektionistischen Mütter und für die zweifelnden Mütter. Das Evangelium ist für Mütter, die denken, eigentlich ganz gute Arbeit zu leisten und für solche Mütter, die sich für die schlechtesten auf dem ganzen Planeten halten.

Veränderungen schreiten vielleicht nur langsam voran, aber es handelt sich nicht um einen Wettbewerb. Wir möchten wiederholt betonen: Das Evangelium ist für Dich, und Gottes Kraft kann in jeder von uns und in allen Lebenslagen wirken. Die Kleinkinderjahre sind keine verlorenen Jahre.

Da Du jetzt die Bausteine zum Wachstum in der Erkenntnis Gottes und in der Liebe zu ihm hast, wollen wir nun darüber sprechen, wie man diese Wahrheiten ins tägliche Leben übertragen kann. Wie können wir uns an das Evangelium in unseren besten, aber auch in den schlimmsten Tagen erinnern, wenn Du es voll verhauen hast? Man nennt es normalerweise »sich selbst das Evangelium predigen«.

Du kannst aber auch einfach sagen: »Ich möchte **erlöstes Muttersein** ausleben.«

DISKUSSIONSFRAGEN:

1. Welche Ausreden hast Du, wenn es um Treue in den Kleinkinderjahren geht? Inwiefern müssten sich Deine Erwartungen in Bezug auf das Wachstum in Gottes Wort ändern?

2. Inwiefern bietet Dir das Evangelium Befreiung von Schuld an, und wie motiviert es Dich, hartnäckig immer wieder zu Gottes Wort zurückzukehren?

3. Gibt es Bereiche in der biblischen Lehre und beim Wachsen im Evangelium, die Du nicht angehen möchtest, weil sie Dir zu mühevoll sind? Welche Verbesserungen könntest Du in Bezug auf das Kennenlernen der Bibel innerhalb der Dir zur Verfügung stehenden Zeit vornehmen?

18

ERLÖSTES MUTTERSEIN AUSLEBEN

Emily und Laura

Wir haben einander allerhand Unschönes aus unserem Mutterdasein geschildert. Wir haben mit Stolz und Verlegenheit beim Essen gekämpft, wenn das eine Kind die Möhren gerne gegessen hat, während ein anderes nur das Gesicht verzog. Wir haben mitbekommen, wie eine von uns das Kind im Nebenraum angeschrien hat, statt es in Freundlichkeit zu erziehen. Wir sahen jeweils die Kinder der anderen sowohl aus guten als auch aus weniger guten Gründen ein Theater verursachen, weil wir es ihnen entweder noch nicht vernünftig beigebracht haben oder trotz unserer Bemühungen. Wir haben Schlafenszeitroutinen bei unseren Familientreffen verglichen, wonach einige Kinder sofort einschliefen, während die anderen ihre Grenzen austesteten.

Wir haben aber auch die schmerzhaften Augenblicke des Mutterseins miteinander durchgestanden. Da gab es Zeiten, in denen man einen Adoptionsantrag stellte, und andere Zeiten, bei denen der Prozess damit endete, dass kein neues Kind in die Familie kam. Wir sprachen über unsere Ängste während der Aufenthalte auf der

Intensivstation für Neugeborene und bei Entwicklungs-, Allergie- oder Sehtests. Wenn Befürchtungen zu schrecklicher Realität wurden, haben wir füreinander gebetet. Wenn Operationen anstanden, der Rollstuhl geliefert wurde und umfängliche medizinische Behandlungen sich hinzogen, haben wir miteinander gelacht, weil es zu sehr schmerzte, irgendetwas anderes zu tun.

Durch Gottes Gnade erlebten wir während unserer Mutterschaft den Triumph der Hoffnung. Kinder, die früher mit Tobsuchtsanfällen reagiert hatten, schauten jetzt, wie sie den Schwachen und Kleinen helfen können. Wir freuten uns über Kinder, die dem Evangelium in Treue Glauben schenkten. Wir sahen nach Jahren des Bittens Gottes Wirken, wie es auf Gebieten von gewohnheitsmäßigen Sünden und Kämpfen zu einem Durchbruch kam.

Inmitten all dieser Sünden, Kämpfe und Freuden haben wir einander das Evangelium gepredigt, und wir haben auch gelernt, es uns selbst zu predigen.[17]

Nein, wir haben einander nicht in die Kirche geführt, um uns auf der Kanzel gegenseitig abzulösen. Wir predigen es uns gegenseitig in Unterhaltungen bei einer Tasse Kaffee, bei Videochats nach dem Zubettgehen und mit Textnachrichten am Nachmittag. In unseren Wohnzimmern, in Restaurants, während des Urlaubs, bei Familienfeiern oder auf Spaziergängen im Park – wir haben uns gegenseitig an die Wahrheiten des Evangeliums erinnert.

Wir versicherten uns gegenseitig, dass Gott einen guten Plan mit uns hat. »Ja, Gott ist gnädig, dass er uns gesunde Körper gege-

---

17 Das Wort »predigen« hat viele Nebenbedeutungen. Die meisten meinen, Prediger stehen auf Kirchenkanzeln. Aber im Neuen Testament wird das Wort oft breiter benutzt und meint jemand, der das Evangelium öffentlich verkündigt. Manchmal wird das mit apostolischer Autorität getan oder in unserer Zeit durch einen Ältesten oder Pastor. Zu anderen Gelegenheiten geschieht es nur durch irgendeinen Diener des Evangeliums (wenn ein gewöhnlicher Mensch – Mann oder Frau – von Jesus spricht). In diesem Buch verwenden wir das Wort »predigen«, wenn wir einfach das Evangelium uns selbst oder unseresgleichen weitersagen und uns untereinander an die Wahrheiten erinnern und uns selbst oder einander zum Evangelium zurückführen.

ben hat.« »Ja, ich sehe den Heiligen Geist im Herzen deines Kindes arbeiten.« »Ja, Gott ist großzügig und freundlich, dass er sich all unserer Nöte annimmt.«

Wir bestätigten die Mühsal des Lebens unter der Sonne. »Nein, es sollte nicht so schmerzvoll sein!« »Nein, du hättest dein Kind nicht so behandeln sollen!« »Nein, deine Umstände sind wirklich nicht leicht.«

Wir erinnerten uns daran, dass die Freiheit, die wir durch das stellvertretende Opfer Christi haben, uns treibt, Gott in schweren Dingen gehorsam zu sein. »Ich weiß, dass du deine Kinder angeschrien hast, aber du kannst Buße tun. Seine Erbarmungen sind alle Morgen neu. Vertraue darauf, dass er an dir arbeitet, mehr wie Jesus zu sein.«

Wir setzten beide unsere Hoffnung auf Christi Auferstehung, und was das für unsere Zukunft bedeuten würde. »Dadurch wird alles in Ordnung kommen.« »Das Irdische wird vergehen, und eines Tages wird er alle Tränen abwischen.«

Einander und sich selbst das Evangelium zu verkündigen, ist eine Übung in andauerndem erlösendem Gespräch. Es sind geistgeleitete Sätze, die aneinandergereiht die Schönheit des Evangeliums in den Stoff unserer Beziehung weben.

Vielleicht denkst Du: »Ich weiß nicht, ob ich die Zusammenhänge so finden kann wie ihr« oder »Ich wüsste gar nicht die richtigen Wörter dafür.« Es ist möglich, dass Du keine Freundin hast, die mit Dir über diese Dinge reden kann, oder vielleicht erinnerst Du Dich, dass Du über das Evangelium zu reden versucht hast, aber die anderen haben nur mit den Augen gerollt.

Gib nicht auf! Wir wissen, dass das nicht leicht ist, und manchmal kommt es einem auch unnatürlich vor. Aber wir möchten Dir Mut machen, es zu versuchen und Dir einige praktische Tipps und Beispiele geben, wie man das Evangelium sich selbst und denen, die um uns her sind, predigen kann. Wir sind darin nicht perfekt. Manchmal erkennen wir unsere Sünden, aber anstatt sofort Buße darüber zu tun, lassen wir Tage und Wochen vergehen. Manchmal sind wir so eifrig dabei, einander zu helfen, dass wir nur mitleidsvolle Ratschläge geben, anstatt auf Christus hinzuweisen. Wir wollen dennoch weitergeben, was uns hilft. Wir möchten Täter des Wortes und nicht nur Hörer sein, und so laden wir Dich ein, alles anzunehmen, was Du lernen kannst und es in die Praxis umzusetzen, wo Du auch lebst.

Sich selbst das Evangelium zu predigen bedeutet, Deinem Kopf zu helfen, dass er Dein Herz unterweisen kann, sich immer wieder an den Dingen Christi zu orientieren. Dir selbst das Evangelium zu predigen bedeutet, **erlöstes Muttersein** zu leben.

Erinnere Dich an das Evangelium

Jedes Jahr machen unsere Kinder eine Cousin-Freizeit bei Oma und Opa Jensen. Das ist immer ein nächtelanges Spektakel (obwohl es eigenartigerweise von Jahr zu Jahr kürzer wird). Zu diesem jährlichen Ereignis gehören Schlafsäcke, nächtliches Eisessen, Wanderungen, Wasserspiele, Dekorationen, Spiele, Bibellektionen und eigens dafür angefertigte T-Shirts. Unsere Kinder lieben vor allem die T-Shirts, weil diese für sie wie ein beständiges Ordensband dafür sind, dass sie an der Cousin-Freizeit teilgenommen haben, und dass sie zur Familie gehören. Sobald eins unserer Kinder einen Cousin mit dem Cousin-Camp-Shirt sieht, fangen sie an, über ihre Erinnerungen von der letzten Freizeit zu reden und sich zu fragen, was es wohl im nächsten Jahr geben wird.

»Wo ist mein Shirt, Mama? Ich möchte es auch anziehen!«

»Erinnerst du dich noch an den Tag im Freibad? Da möchte ich wieder hingehen!«

»Tante Barbara war da. Kommt sie im nächsten Jahr auch?«

Manchmal geraten ihre Fragen und ihre Aufregung außer Kontrolle, aber wir wundern uns nicht über diesen Tumult. Die Cousin-Freizeit ist etwas Besonderes, was sie mit der Familie teilen.

Es sind schöne Erinnerungen und etwas, worauf sie sich wieder freuen können. Warum sollten sie nicht ständig darüber sprechen wollen?

Obwohl wahrscheinlich niemand von uns demnächst mit T-Shirts herumlaufen wird, auf denen »Evangeliums-Camp« steht, hoffen wir doch, dass wir auch immer so wie die Kinder reagieren würden, wenn wir es täten.

»Oh, Du kennst Jesus auch? Wie hast Du ihn kennengelernt? Wie kam es zu Deiner Bekehrung? Was passierte, als Du Buße getan und Dich bekehrt hattest?«

»Wie kann ich für Dich beten? Wo brauchst Du Ermutigung?«

»Freust Du Dich auch darauf, Jesus eines Tages von Angesicht zu Angesicht sehen zu können? Was meinst Du, wie das sein wird?«

Okay, bisschen kitschig, aber Du weißt, was ich damit sagen will. Wenn wir die aufregendste Beziehung zu dem besten Vater in der besten Familie erlebt haben, die wir jemals kennenlernen werden, wäre es nicht das Normalste der Welt, in Erinnerungen zu schwelgen?

Über das Evangelium nachzudenken, über das Evangelium zu sprechen und es zu predigen, fängt mit dem Erinnern an. Mit dem Erinnern daran, wie vollkommen und heilig Gott ist. Mit dem Erinnern an unsere Sünden und an das, was wir verdient hätten. Dann erinnern wir uns daran, wie Gott uns nachging und uns errettete, als wir noch Sünder waren. Wir erinnern uns, dass er uns neue Augen gab und ein neues Herz, das Wohlgefallen daran hat, ihm zu dienen. Wir erinnern uns an Jesu Beispiel von Liebe zu Gott und Menschen. Wir erinnern uns daran, dass er wiederkommt, um uns zu holen.

Diese Erinnerungen fließen über und werden zu Worten und Taten. Wenn wir erst einmal über das erstaunliche Wesen des Evangeliums nachgedacht und uns von der Gnade Gottes haben gefangen nehmen lassen, bleibt uns gar keine andere Wahl, als es weiterzusagen. Damit können wir diese Wahrheiten wiederholen und sie immer besser auf unser Leben anwenden.

PRAKTISCHE TIPPS:

- Lass Dir von einer Audio-Version die Bibel vorlesen, während Du Dich morgens fertig machst, zur Arbeit fährst oder zu Hause putzt. Halte inne und denke darüber nach, wer Gott ist, und was er getan hat und noch tut.

- Frage eine Freundin: »Kannst du mir sagen, wie du dazu kamst, dein Vertrauen auf Christus zu setzen? Ich glaube, ich habe deine Geschichte noch nie gehört.« (Manchmal braucht es nur eine Frage, um den Ball ins Rollen zu bringen!)

Das Evangelium ins Gedächtnis rufen

Bevor wir einen Familienausflug machen, frischen wir das, was wir von den Kindern erwarten, immer noch mal auf. Das geschieht mit dem Daumen-nach-oben/Daumen-nach-unten-Spiel:

»Okay, Kinder, gleich sind wir im Park. Schafft ihr es, auf den Wegen zu bleiben?« (Daumen nach oben.)

»Sollte man auf dem Parkplatz herumrennen?« (Daumen nach unten.)

»Was ist mit Spaß? Dürft ihr Spaß haben?« (Daumen nach oben … und lautes Geschrei.)

Beim Daumen-nach-oben/Daumen-nach-unten-Spiel geht es nicht darum, den Kindern etwas völlig Neues anzutrainieren. Sie waren schon oft genug im Park, um die Regeln zu kennen. Wir wollen mögliche Szenarien durchspielen und unsere Kinder daran erinnern, wie sie darauf reagieren sollen, damit es frisch in ihrem Gedächtnis ist. Dabei hoffen wir, dass sie, wenn das Auto anhält und alle hinausspringen, vorbereitet sind und sich daran erinnern, wie sie in den einzelnen Situationen gehorchen sollen.

Niemand von uns spielt ein Daumen-nach-oben/Daumen-nach-unten-Spiel für Erwachsene und fragt: Sollst Du Deine Kinder anschreien, wenn Du genervt bist? Solltest Du herumnörgeln, wenn Dein Mann seinen Teil der Hausarbeit nicht geschafft hat? Ist es in Ordnung, heute Deine Kinder in den Arm zu nehmen? (Wir hoffen, dass Du die Antworten auf diese Fragen kennst.). Aber es ist hilfreich, sich diese Wahrheiten immer wieder ins Gedächtnis zu rufen, damit wir in der Lage sind, ihnen in unserem Alltag gehorchen zu können.

Das kann man am besten in Beziehung zu anderen tun, aber wir können uns auch selbst an das Evangelium erinnern. Wenn wir uns gemeinsam mit anderen erinnern, sprechen wir über Wahrheiten aus Gottes Wort und dann bereiten die einen die anderen vor, indem man spezifische Szenarien bespricht. Dazu gehört auch, dass man über das Evangelium an sich spricht und einander bestätigt, wie wir Gottes Ebenbild in dem anderen erkennen, aber auch Sünde und Zerbrochenheit aufzeigt.

Wir sprechen über alles, wofür wir dankbar sind, und gehen Schwierigkeiten hoffnungsvoll an. Wir sprechen offen über Gottes Versprechen für die Zukunft, und was sie für uns bedeuten.

PRAKTISCHE TIPPS:

- Integriere Dich in die örtliche Gemeinde, indem Du an einem Bibelkurs, einer Kleingruppe, einer Müttergruppe oder an etwas Vergleichbarem teilnimmst. Setz Dich nicht nur dazu, sondern beteilige Dich an der Unterhaltung und sei beständig darauf bedacht, Beziehungen mit Leuten aufzubauen, die Jesus lieben und im Evangelium wachsen wollen.

- Lies oder hör mit einer oder zwei Freundinnen zusammen ein evangeliumzentriertes Thema, damit Ihr zusammen üben könnt, Eure Unterhaltung auf ein tiefes Herzenslevel zu bringen. Sei mutig! Es ist okay, wenn Du als Erste etwas dergleichen vorschlägst.

Wende das Evangelium an!

Wir alle haben eine Menge gleicher Erwartungen für unsere Kinder; wie sie aber auf jedes Kind in seinen unterschiedlichen Situationen angewendet werden müssen, ist sehr verschieden. Kinder müssen sich an Grauzonen gewöhnen.

»Solltest du laufen? In einigen Situationen, nein. Bist du in der Menge auf einem Jahrmarkt, dann lauf nicht. Aber wenn ihr Fangen spielt, dann lauf! Wenn du auf dem Parkplatz stehst, dann lauf nicht umher. Bist du aber auf dem Spielplatz, dann ist es in Ordnung, zu rennen.« Wenn Dein Kind also fragt: »Darf ich laufen?«, dann lautet die Antwort: »Es kommt drauf an.« Einige Kinder bekommen unterschiedliche Antworten in derselben Situation. »Dein Cousin darf laufen, aber du musst hier bei Mama bleiben, weil ich dich gefragt habe, ob du mir eine Tasche aus dem Auto trägst.« In einigen Situationen ist Laufen super, aber in anderen ist es gefährlich.

Manchmal bitten wir unsere Kinder, Unterschiedliches zu tun. Das Kleinkind soll unsere Hand festhalten, während die älteren Kinder vorauslaufen dürfen. Abhängig von Alter, Gefahrenbewusstsein, der Fähigkeit, nah bei Mama und Papa zu bleiben und so weiter, kann das Kind eine ganze Bandbreite von Dingen tun. Von angeschnallt im Buggy gefahren werden bis hin zum Herumhüpfen mit einem Haufen Cousins. Es ist manchmal schwer, einem Kind klarzumachen, warum es manchmal im Kinderwagen sitzen muss und manchmal nicht. Aber wie auch immer – wir Eltern haben einen guten Plan für ihre Sicherheit. Wir versuchen ihnen klarzumachen, *was* wir in der jeweiligen Situation von ihnen fordern und *warum* wir es tun.

Wenn es aber um die Anwendung des Evangeliums geht, wird es schwierig. »Ich habe mich an das Evangelium erinnert – ich habe darüber nachgedacht, was Gott durch Christus für mich getan hat. Ich habe mir das Evangelium ins Gedächtnis gerufen – ich habe mir selbst und anderen gesagt, wie sich das in unterschiedlichen Situationen auswirkt. Aber wie ist es mit der Anwendung? Woran kann ich erkennen, dass mich diese Wahrheiten in diesem Augenblick verändern?«

Genauso, wie es bei unseren Kindern um Gehorsam, Prinzipien und Herzenshaltungen geht, ist es auch hier. Wir streben danach, biblischen Befehlen und Grundsätzen zu gehorchen, weil wir unsere Herzen und Gottes übergreifende Absichten verstehen. Viele Dinge laufen auf das größte Gebot hinaus: Gott zu lieben mit unserem ganzen Herzen, unserer ganzen Seele, mit unserem ganzen Verstand und mit all unserer Kraft, und unseren Nächsten wie uns selbst. Gott möchte von uns, dass wir tun, was ihn am deutlichsten widerspiegelt, ihn am vollkommensten verherrlicht, und seinen Ebenbildern am aufopferungsvollsten Liebe erweist. Er möchte auch, dass wir Herzen haben, die ihm gehorchen wollen und dafür das rechte Verständnis suchen. Er will Herzen, die seine Interessen für unser Leben über unsere eigenen stellen.

Manchmal wünschen wir uns, es könnte wie die Entdeckung eines seltenen Schatzes sein, oder wie eine Schnitzeljagd in der Bibel, wobei wir dann eine verborgene Botschaft darüber entdecken, ob wir versuchen sollten, ein weiteres Baby zu bekommen, oder einen neuen Job zu finden oder in eine andere Stadt zu ziehen. Aber in Wirklichkeit ist es gar nicht so kompliziert:

»… danksagt in allem, denn dies ist der Wille Gottes in Christus Jesus für euch« (1Thes 5,18).

»Gebt nun acht, wie ihr sorgfältig wandelt, nicht als Unweise, sondern als Weise, die die gelegene Zeit auskaufen, denn die Tage sind böse. Darum seid nicht töricht, sondern verständig, was der Wille des Herrn sei. Und berauscht euch nicht mit Wein, in dem Ausschweifung ist, sondern werdet mit dem Geist erfüllt, redend zueinander in Psalmen und Lobliedern und geistlichen Liedern, singend und spielend dem Herrn in eurem Herzen, danksagend allezeit für alles dem Gott und Vater im Namen unseres Herrn Jesus Christus« (Eph 5,15-20).

Danksage! Versteh unter viel Gebet, was es heißt, den besten Gebrauch von der Dir gegebenen Zeit hier auf Erden zu machen. Versuche nicht, die Schmerzen des Sündenfalls durch unangebrachte Verwendung der göttlichen Gaben zu betäuben, sondern engagiere Dich in der christlichen Gemeinde, indem Du anderen dabei hilfst, sich an das Evangelium zu erinnern, es im Gedächtnis zu bewahren und Gott dafür zu danken, weil wir alle durch Christus leben.

Bete und bitte Gott, er möge Dir helfen, das Evangelium anzuwenden und tu Deinen Teil, indem Du nach dem handelst, was Du schon erkannt hast. Vertrau auf Gott, dass er Dich durch sein Wort, durch die Gemeinde und durch seinen Geist belehrt und korrigiert.

PRAKTISCHE TIPPS:

- Schreib täglich auf, was Gott Dich durch sein Wort lehrt und beschreib unter Gebet, wie solche Wahrheiten Dein tägliches Leben beeinflussen können.

- Such Dir eine Mentorin und stell ihr Fragen darüber, wie Du das Evangelium umsetzen kannst.

GOTT MÖCHTE
VON UNS,
DASS WIR TUN,
WAS IHN AM
DEUTLICHSTEN
WIDERSPIEGELT,
IHN AM VOLL-
KOMMENSTEN
VERHERRLICHT
UND SEINEN
EBENBILDERN AM
AUFOPFERUNGS-
VOLLSTEN LIEBE
ERWEIST.

Leben nach dem Evangelium ist Gemeindeleben

Für Bücher, Podcasts, Bibellehrer und Bibelstudien, die Du online findest, gilt Folgendes: Sie können immens hilfreich sein, wenn es ums Lernen geht, aber sie sind nicht in der Lage, Dein tägliches Leben zu beobachten und das Evangelium in Deine tägliche Situation hineinzusprechen.

In diesem Buch haben wir unser Bestes gegeben, uns in das hineinzudenken, was Dir begegnen mag. Wir haben versucht, über Prinzipien zu reden, die für sehr viele Leute allgemeine Gültigkeit haben. Aber sehr oft brauchst Du detailliertere Hilfe in Deiner Einzelsituation. Wenn Du wieder den gleichen Konflikt mit Deinem Ehemann hast, wenn Du alle Erziehungsmethoden angewandt hast und nichts funktioniert, oder wenn Du nicht weißt, wohin Du im nächsten Herbst Dein Kind zur Schule schickst, dann brauchst Du sicher die Hilfe einer anderen Gläubigen. Das muss jemand sein, der Dein Leben und den Kontext Deines Zeugnisses, Deine Beziehungen und Deine Kämpfe kennt. Das muss jemand sein, der Dir hilft, mit all dem unter Gebet und mit Weisheit umzugehen.

Wenn Du mit anderen zusammen die Anwendungen ausarbeitest, bedenke, dass Menschen große Schwächen haben. Evangeliumsgemeinden sind nicht von Sünden und Verletzungen abgeschottet. Niemandes Rat sollte der Bibel widersprechen, aber eine gute Gruppe auf das Evangelium konzentrierter Gläubiger – also Leute, die in allen Dingen für Gottes Ehre kämpfen – ist in der Lage, das Evangelium auf das tägliche Leben anzuwenden.

Abschließende Hoffnung

Es ist egal, wie Dein Tag, Deine Woche, Dein Monat oder Dein Jahr verlaufen ist – das muss nicht Deine Zukunft bestimmen. Wenn Du weißt, wie unfähig Du bist, Dich selbst zu retten, und wenn Du Deine Sünden bekannt und Deine Hoffnung auf Jesus gesetzt hast, dann besitzt Du eine neue Identität. Du bist adoptiert worden (vgl. Röm 8,15). Und das nicht durch irgendein eigenes Werk, sondern aus Gnade durch Glauben (vgl. Eph 2,8). Du hast einen neuen Namen erhalten und ein unvergängliches Erbe wird im Himmel für Dich aufbewahrt (vgl. 1Petr 1,4). Eines Tages wird Jesus wiederkommen, und Du wirst körperlich und geistlich zu einem ewigen Leben erneuert. Wir werden die Schmerzen von heute – die schweren Arztbesuche, den Stress wegen der Lebensmittelallergie, das laute Geschrei vor dem Mittagsschlaf, die Streitereien wegen der Ernährung, die unerwünschten Diagnosen – aus der Perspektive unseres ewig guten Vaters und seines ewig guten Plans für sein Volk betrachten.

Falls Du irgendetwas aus diesem Buch gelernt hast, hoffen wir, dass es die deutliche Darstellung der Guten Nachricht von Jesus Christus ist, welche die Kraft zur Errettung für alle hat, die darauf hören und entsprechend reagieren. Wir beten dafür, dass Du, falls Du bisher noch nicht darauf reagiert hast, es jetzt tun willst. Warte nicht, bis Du alles aufgeräumt hast oder bis Du mehr in der Bibel liest und mehr betest oder bis Du eine »bessere« Mama geworden bist. Komm, wie Du bist – demütig und klein und wie jemand, der einen Retter nötig hat, der nichts von Dir nötig hat. Er liebte Dich schon bevor Du ihn jemals liebtest.

Egal wie Du in Deiner Beziehung zu Gott stehst: Denk dran, dass, wenn Du umkehrst und an Jesus glaubst, der Heilige Geist Dich in den lebendigen Weinstock, in Jesus persönlich, einpfropfen wird. Wenn Du in ihm bleibst, wirst Du anfangen, Dich zu verändern und Frucht zu bringen, die hervorkommt aus der lebendigen Verbindung mit dem lebenspendenden Weinstock (vgl. Joh 15,1-8). Wenn sich die Frucht des Heiligen Geistes in Deinem Leben zeigt, wirst Du anfangen, andere zu lieben, wie Christus Dich geliebt hat. Du wirst Dich in schwierigen Umständen an dem Herrn erfreuen. Deine Seele wird wahren Frieden erleben, wenn alles ringsumher chaotisch ist. Du wirst mit den nervigsten Kindern Geduld haben und auf ungerechte Behandlung und Ärger mit Freundlichkeit reagieren. Du wirst anderen Gutes tun, selbst wenn sie Dir das Gegenteil erweisen. Du wirst treu sein, wo niemand es überprüft, Kleingläubige mit Sanftmut behandeln und Selbstbeherrschung lernen.

Ist Muttersein wie eben beschrieben überhaupt möglich? Natürlich nicht in Vollkommenheit, aber doch in zunehmendem Maß. Wenn Du in Jesus bleibst, wirst Du verändert werden. Und es ist niemals zu spät, damit zu beginnen, oder wieder damit anzufangen. Am besten gleich jetzt.

Wir beten dafür, dass Du Deine Hoffnung unablässig und immer wieder auf Christus setzt und dadurch Hoffnung gewinnst für jeden Augenblick des Tages, und das bis in Ewigkeit.

DISKUSSIONSFRAGEN:

1. Welche Botschaften predigst Du Dir selbst, wenn Dir das Muttersein schwerfällt? Woher stammen diese Botschaften und wie stimmen sie mit dem Evangelium überein?

2. Welche Werkzeuge und Methoden wirst Du anwenden, Dich selbst in nächster Zeit an das Evangelium zu erinnern, wenn Du als Mutter im Stress steckst oder Dich fürchtest oder Du Schuld auf Dich geladen hast?

3. In welcher Weise hat die Anwendung des Evangeliums auf Dein alltägliches Muttersein den Blick auf Gott, Dich selbst, auf Deine Familie und auf Deine Gemeinde verändert? Worauf wirst Du diese Hoffnung als Nächstes richten?

Über die Autorinnen

Emily Jensen und Laura Wifler sind Schwägerinnen und haben den Dienst der *Risen Motherhood* gemeinsam gegründet. Beide Frauen wohnen mit ihren Familien mitten in Iowa.

Der Dienst *Risen Motherhood*

In einer Welt voller Meinungen, How-To-Anleitungen und Wunderwaffen bietet *Risen Motherhood* eine Botschaft gegen den Zeitgeist an, um die Mütter von den Belastungen, die ihnen von der Welt aufgedrückt werden, durch die Gute Botschaft des Evangeliums zu befreien. Bei *Risen Motherhood* glauben wir, dass Mütter glaubensvoll ihre Berufung in Freiheit ausleben können, weil sie Gottes Willen durch sein Wort kennengelernt haben. Zu diesem Zweck verfasst *Risen Motherhood* Podcasts, Artikel und kostenlose Bibelkommentare, um Mütter auszurüsten, zu ermutigen und sie herauszufordern, im Licht des Evangeliums zu leben.

LESEPROBE »DIVINE DESIGN«

DAS GÖTTLICHE DESIGN VON WEIBLICHKEIT

Designer-Handtaschen, Designer-Mode, Designer-Inneneinrichtung, Designer-Deko ... Viele Frauen fühlen sich zu Designer-Marken hingezogen, weil sie von besonderer Qualität sind – oder besonders exquisit. Sie sind authentisch. Sie entsprechen genau der Vorstellung ihres Designers.

Wusstest Du, dass Gott ein göttliches Design für Weiblichkeit hat? Sein Design ist spektakulär – wesentlich attraktiver als die billige Imitation, die die Welt empfiehlt!

Die Frauenbewegung lehnt die Idee ab, dass es ein göttliches Design für Weiblichkeit gibt. Ihre Vertreter schlugen vor, dass wir Frauen selbst bestimmen sollten, um was es beim Frausein eigentlich geht. Sie machten uns glauben, dass sich unser Leben und unsere Entscheidungen vor allem um uns drehen sollten. Sie brachten uns bei, zu denken, dass die Unterschiede zwischen männlich und weiblich gar nicht so wichtig seien – dass wir unsere Rollen willkürlich wählen und die Bedeutung der Geschlechter selbst bestimmen könnten. Sie ermutigten uns, ein neues, feministisch inspiriertes Design zu übernehmen.

Das gegenwärtige kulturelle Ideal für Weiblichkeit ermutigt Frauen dazu, vorlaut, sexy, egozentrisch, unabhängig und – mehr als alles andere – stark und dominant zu sein. Aber leider hat dieses Modell vom Frausein nicht die versprochene Erfüllung gebracht.

Wir beide sind seit über 30 Jahren in der Seelsorge für Frauen aktiv und haben Traurigkeit und Enttäuschung in Hülle und Fülle gesehen. Immer wieder sind wir Zeugen davon geworden, wie Herzen und Häuser emotional und zwischenmenschlich zerbrochen sind, nachdem Frauen mit dem Mainstream gegangen waren und die Vorstellung unserer Kultur vom Frausein übernommen hatten. Wir haben zahllose Briefe und E-Mails erhalten und in die Augen tausender Frauen geschaut, die gefüllt waren mit dem tiefen Schmerz unerfüllter Erwartungen.

In vielen Fällen ist diese Dysfunktion die unvermeidliche Konsequenz unseres Lebens in einer gefallenen Welt. Aber viel zu oft ist offensichtlich, dass wir die Auswirkungen weitverbreiteter Verwirrung und falscher Überzeugungen über das Design und die Mission der Frau sehen.

Was bedeutet es eigentlich, eine Frau zu sein?

Die Bibel lehrt, dass es nicht in unserem Ermessen liegt, zu entscheiden, was es mit unserer Weiblichkeit auf sich hat. Die Bibel sagt, dass Gott Mann und Frau für einen lebenswichtigen, spezifischen Zweck geschaffen hat. Sein Design ist nicht willkürlich, unwichtig oder ersetzbar. Deine Weiblichkeit ist kein biologischer Unfall.

Sie ist nicht die Laune eines Zufalls. Nein, Gott hat Dich absichtlich zu einer Frau gemacht! Und er möchte, dass Du die Schönheit seines spektakulären Designs entdeckst, umarmst und begeistert davon bist. Er möchte, dass Du Dich an etwas viel Wertvollerem erfreust als an den billigen Fälschungen dieser Welt. Er möchte, dass Du eine wahre Frau bist!

Was genau ist eine wahre Frau? Sie ist eine Frau, die dem göttlichen Design entsprechend geformt und verändert wird. Sie ist eine Frau, die Jesus liebt und deren Leben in Christus und seinem Evangelium gegründet ist. Aus diesem Grund möchte sie ihre Gedanken und Handlungen mit dem in Einklang bringen, was die Bibel darüber sagt, wer sie ist und wie sie leben sollte. Sie ist eine Frau, die das Webmuster der Welt für Weiblichkeit ablehnt und stattdessen Gottes Designerlabel trägt.

Jenseits von Karikaturen und Schablonen

Die Bibel präsentiert ein Design für wahre Weiblichkeit, das universal ist, und für alle Frauen in jedem Alter und Stadium ihres Lebens gilt – alt, jung, ledig, verheiratet, geschieden, verwitwet; mit Kindern oder ohne, oder wie auch immer. Sein Design gilt für Frauen jedes Persönlichkeitstyps, jedes Bildungsniveaus, jeder Berufszugehörigkeit, jedes sozialökonomischen Status' und jeder Kultur. Gottes Plan geht über alle sozialen Bräuche, Zeiten und Umstände hinaus!

In diesem Arbeitsbuch versuchen wir, uns mehr auf die zeitlosen biblischen Prinzipien als auf deren spezifische Anwendung zu konzentrieren. Wir möchten Frauen mit einigen grundlegenden Hilfsmitteln, die auf verschiedene Abschnitte und Umstände des Lebens angewendet werden können, ausstatten, die dann für die Urenkelinnen unserer Generation genauso gut Anwendung finden wie für uns.

In Bezug auf die Weiblichkeit sind die meisten von uns klischeehaften Ratschlägen, oberflächlichen Karikaturen und Nullachtfünfzehn-Lösungen zum Opfer gefallen. Unsere Hoffnung ist, dass dieses Buch das Thema in ein besseres Licht rückt. Wir beten, dass es

- Dich befähigt, Gottes zeitloses Design für Weiblichkeit direkt aus seinem Wort zu entdecken,

- Dir hilft, herauszufinden, wie Du Gottes Plan auf Deinen persönlichen Lebensabschnitt anwenden kannst,

- Dich ermutigt, Verständnis für Frauen in einem anderen Lebensumstand und mit anderen Anwendungen entgegenzubringen,

- und Dich mit allem Nötigen ausrüstet, um die Botschaft der wahren Weiblichkeit an die nächste Generation weiterzugeben.

Karikaturen und Standardlösungen werden nicht reichen. Gottes Design für Frauen ist so viel umfassender und herrlicher.

Die Bedeutung von wahrer Weiblichkeit zu entdecken und auszuleben, wird für Dich ein Prozess sein, so wie es das auch für uns war und immer noch ist. Es kann sein, dass Du manchmal mit dem, was Du liest, nicht einverstanden bist oder mit einigen Inhalten dieser Lehre zu kämpfen hast. Wir haben das selbst hinter uns. Wir möchten Dich aber ermutigen, Dich mit einem offenen, suchenden Herzen Gottes Wort zuzuwenden. Bitte ihn, Dich durch seinen Geist zu lehren, Dir Verständnis zu vermitteln und Dein Herz dazu zu neigen, »Ja, Herr!« zu seinem Wort und zu seinen Wegen zu sagen.

Ein göttliches Design

»Kann eine Frau nicht sein wie ein Mann?« Das ist die bekannte Frage von Professor Henry Higgins in dem klassischen Musical *My Fair Lady*. Es ist eine gute Frage. Warum kann eine Frau nicht sein wie ein Mann? Warum kann ein Mann nicht sein wie eine Frau? Was bedeutet es, eine Frau zu sein? Was bedeutet es, ein Mann zu sein? Was ist der Unterschied? Und spielt das Ganze überhaupt eine Rolle?

Die Antwort der Bibel auf die Frage des Professors lautet, dass Gott nicht möchte, dass Frauen immer mehr wie Männer werden. Er möchte auch nicht, dass Männer Frauen ähnlicher werden. Gott schuf Mann und Frau. Er ist nicht daran interessiert, Geschlechtlichkeit zu verwischen oder auszulöschen – er ist daran interessiert, sie zu erlösen. Sein göttliches Design spiegelt tiefe Wahrheiten über Gottes Charakter und das Evangelium wider. Er möchte, dass wir die Schönheit seines Plans von Männlichkeit und Weiblichkeit entdecken und die Freude und Erfüllung erfahren, genau das zu sein, was er geschaffen hat.

Egal, in welcher Lebensphase Du gerade steckst, und was auch immer Deine aktuellen Herausforderungen oder Umstände sind: Mögest Du Gott verherrlichen und das Evangelium für Deine Mitmenschen glaubwürdig machen, indem Du sein göttliches Design widerspiegelst und seine wahre Frau wirst!

»Eine wahre Frau zu sein, bedeutet, Ja zu Jesus zu sagen – und Ja zu dem, was Gott über Weiblichkeit sagt und die Art und Weise, wie wir unser Leben leben sollen. Und es bedeutet, Nein zu den anderen Stimmen zu sagen, die unsere Aufmerksamkeit haben wollen …«

Mary A. Kassian